"国培计划"优秀成果出版工程

"国培计划"全国优秀研修成果数字出版平台

唐劲松⊙编著

美国教师的教育智慧

MEIGUO JIAOSHI DE JIAOYU ZHIHUI

西南师范大学出版社

国家一级出版社 全国百佳图书出版单位

图书在版编目（CIP）数据

美国教师的教育智慧 / 唐劲松编著. —重庆 ：西
南师范大学出版社，2015.12
ISBN 978-7-5621-7676-3

Ⅰ.①美…　Ⅱ.①唐…　Ⅲ.①中小学教育-研究-美
国　Ⅳ.①G639.712

中国版本图书馆 CIP 数据核字（2015）第 265009 号

名师工程系列丛书
编委会主任：马　立　宋乃庆
总策划：周安平
策　划：李远毅　卢　旭　郑持军　郭德军

美国教师的教育智慧

唐劲松　编著

责任编辑：雷　刚
文字编辑：雷　兮
封面设计：仅仅视觉·王　冲
出版发行：西南师范大学出版社
　　　　　地址：重庆市北碚区天生路 1 号
　　　　　邮编：400715　市场营销部电话：023-68868624
　　　　　http：//www.xscbs.com
经　　销：新华书店
印　　刷：重庆升光电力印务有限公司
开　　本：720mm×1030mm　1/16
印　　张：13
字　　数：200 千字
版　　次：2016 年 4 月　第 1 版
印　　次：2016 年 4 月　第 1 次印刷
书　　号：ISBN 978-7-5621-7676-3

定　　价：28.00 元

《名师工程》
系列丛书

《名师工程》系列丛书

征稿启事

《名师工程》系列丛书是西南师范大学出版社策划、组织出版的大型系列教育丛书。丛书以新课程下的新教学为背景，以促进施教者的教育能力为落脚点，以提高教育质量、提升教师水平为宗旨。

丛书首批推出的"名师讲述""教学提升""教学新突破""高中新课程""教师成长""大师讲坛""教育细节""创新语文教学""教育管理力""教师修炼""创新数学教学""教育通识""教育心理""创新课堂""思想者""名师名课""幼师提升""优化教学""教研提升""名校长核心思想""名校工程""高效课堂""创新班主任""教育探索者"等系列，共160多个品种，其余系列也将陆续出版。为了让广大教师有一个交流、借鉴的机会，同时也为了给广大教师提供更多、更好的图书，《名师工程》系列丛书编辑出版委员会特向全国教育工作者征集稿件。

稿件要求：

1.主题鲜明、新颖，有独创性。

2.主题以提升教育能力为主，也可适当外延。

3.主题要有一定规模、有典型案例支撑。

4.案例要贴近教育实际，操作性强。

5.文章、书稿结构清晰，语言精彩。

书稿作者在选题确定之后，请及时与我们做好沟通，具体事宜确定好之后再进行创作；也欢迎用已经完稿的稿件投稿。一线教师如希望参与图书案例的创作，可联系我社策划机构，由策划机构备案，在适合的图书中参与创作。

真诚欢迎各位教师踊跃投稿。

联系方式：

西南师范大学出版社高教分社

电话：023-68254356　　　E-mail：zcj@swu.cn

西南师范大学出版社高教分社北京策划部

电话：010-68403096

E-mail：guodejun1973@163.com

编者的话

当前，以人为本的教育理念正在逐步深化，素质教育以及基础教育课程改革不断推进。在这场深刻又艰苦的教育改革中，涌现了无数甘为人梯、乐于奉献的优秀教师。他们积极探索、更新观念、敢于创新、善于改革，在实践中创造性地发展、总结了很多先进的教育思想、教育理念；创造性地开发了很多新的教学模式、教学内容和教学方法。这些新思想、新模式、新方法在实践中极大地提高了教学质量，是教育改革实践中的新内涵和宝贵财富。这些优秀教师就是我们的名师，这些新内涵就是名师的核心教育力。整理、总结、发展、推广这些教育新内涵，是深化教育改革、完善教育体制、提高教育质量、提升教师水平的一件大事。

教育，是民族振兴的基石；教师，是教育发展的根基。

胡锦涛在全国优秀教师代表座谈会上指出："教师是人类文明的传承者。推动教育事业又好又快发展，培养高素质人才，教师是关键。没有高水平的教师队伍，就没有高质量的教育。"十七大报告又进一步强调了必须加强教师队伍建设，不断提高教师的素质。当今世界，社会进步一日千里，科技发展日新月异，知识更新的周期越来越短。教师作为"文明的传承者"更要与时俱进，刻苦钻研、奋发进取，尽快提升自身素质和能力，为推动教育事业的健康发展贡献自己的力量。

基于以上，西南师范大学出版社策划、组织出版了大型系列教育丛书——《名师工程》。希望通过总结名师的创新经验、先进理念，宣传名师的核心教育力，为广大教师职业生涯提供精神源泉和实践动力，在教育实践层面切实推动从教者职业素养的提升。通过《名师工程》实现"打造名师的工程"。

丛书在策划、创作过程中力求实现以下特色：

一、理念创新，体现教育的人本精神

教师角色在以人为本的教育理念下发生了重大的变化，教师的素质和能力也面临更高的要求。如何弘扬、培植学生的主体性、增强学生的主体意识、发展学生的主体能力、塑造学生的主体人格等问题成为教师在目前教育中亟待解决的难题。丛书以教育管理者和教师为主要读者对象，通过教师综合素质的提高而将人本教育的思想落实到教育实践中，真正实现教育培养人、塑造人、发展人的本质要求。

二、全面构建，系统提升教师的教育能力

丛书选题的最大特点就是系统、全面地针对教师教育能力的提升而展开。施教者的能力决定教育的效果，教育改革的落实、教育效果的提高无不体现在教师身上。丛书针对不同教育能力、不同教学要求、不同教育对象，有针对性地设置选题。棘手学生、课堂切入、引导艺术、班主任的教导力、互动艺术、课堂效率、心灵教育等等，这些鲜明的主题从教育的细节出发，从教育实际情况出发，有针对性地解决问题，让教师在阅读中学有所指、读有所获。

三、科学权威，体现教育的时代前沿性

丛书邀请全国各地著名的教育工作者执笔，汇集在教育改革与实践中涌现的先进理念、成果和方法，经过专家认真遴选、评点总结而成，代表了目前教育实践中先进的教育生产力，具有时代前沿性，是广大一线教师学习、借鉴的好素材。

四、注重实践，突出施教的实用价值

丛书采用了通俗的创作方法，把死板的道理鲜活化，把教条的写法改变为以案例为主，分析、评点为辅，把最先进的教育理念和方法融入有趣的情境中。经典的案例，情境式的叙述，流畅的语言，充满感情的评述，发人深省的剖析，娓娓道来、深入浅出，让教师更充分地领会先进、有效的教育方法。

在诸多教育、出版界同仁的支持与努力下，《名师工程》陆续推出了《名师讲述系列》《教学提升系列》《教学新突破系列》《高中新课程系列》《教师成长系列》《大师讲坛系列》《教育细节系列》《创新语文教学系列》《教育管理力系列》《教师修炼系列》《创新数学教学系列》《教育通识系列》《教育心理系列》《创新课堂系列》《思想者系列》《名师名课系列》《幼师提升系列》《优化教学系列》《教研提升系列》《名校长核心思想系列》《名校工程系列》《高效课堂系列》《创新班主任系列》《教育探索者系列》等系列，共180多个品种，后续图书也将陆续出版。

丛书在出版创作过程中得到各地、各级教育部门与教育工作者的大力支持与帮助，在此一并表示感谢！

教育事业是全社会共同的事业，本丛书的出版一方面希望能对广大教育工作者有所帮助，共绘先进成果；另一方面也是抛砖引玉，希望更多的教育工作者参与到出版创作中来，百家争鸣、百花齐放，为促进教育事业的发展共同努力！

目　　录

第二篇：教育科技智慧

第一篇

教育教学智慧

数百个鲜活的案例，短小精致，包括了教师管理、激励机制等学校管理的方方面面。

如何给学生写评语

中国教师要给学生写评语，美国教师也需要给学生写类似的点评，他们把这叫作评论卡片，而且非常规范，涉及的方面也挺多，如态度、行为、性格、沟通技巧、合作、兴趣和才能、社会技能、时间管理、工作习惯等。美国某教育网站近期刊登了一些评语的示范，现摘录如下。

态度

该学生：是一个具有学习热情并享受学校生活的孩子，在课堂上表现出积极的人生观和态度。能够积极参加体育锻炼和课堂活动，以积极的态度独立处理问题。努力挖掘自身潜力，尽力做到最好并寻求新的挑战。勇于承担责任。

行为

该生能够：与教师和其他同学保持很好的合作。有礼貌，显示出良好的素质。但有时控制不住自己，在课堂上爱做小动作。

性格

该生能够做到：尊重教师和同龄人。关心和爱护学校财产。能够在与他人交往时诚实守信，帮助其他学生关心社区，切实完成课堂任务。

沟通技巧

该学生:词汇丰富,言辞谨慎。思想表达清楚,口头和书面形式都不错。尤其书面表达语言生动,想象充满活力。能够进行诗歌创作。写作目标清楚。写作有一定的深度和洞察力。可以作出合乎逻辑和具有说服力的文章。能够听取意见。

小组活动

该学生:能够提供建设性的建议,以提高同龄人的工作效率。能够接受同学的建议。对其他同学的意见很敏感。在群体中能够发挥领导作用。能够公平地分配小组的任务。能够有计划地认真地进行集体活动。能够很民主地对待其他同学,鼓励其他同学。

兴趣和才能

该学生:富有幽默感。拥有许多不同的兴趣。可以为共同兴趣的同伴提供背景知识。能够深入地了解和理解他人的兴趣,令人印象深刻。为了激发兴趣,能够寻求更多的资料进行专题研究。经常与他人讨论一些阅读中的问题。他是一个天才演员,也是一位才华横溢的艺术家,有快速阅读的天赋。喜欢与他人分享。

参与性

该学生:上课认真听讲,能够遵循老师的指导提出有见地的意见,积极参与集体讨论。通过与他人分享自己的先锋经验,指导他人。复习已经读过或讨论过的一些材料并帮助别人。在需要时做出澄清。定期做协助课堂活动的志愿者,是一个积极的学习者。

社会技能

该学生：能够让朋友们在课堂上很快地进入学习角色。很喜欢他的同学。能够适当地处理分歧。能够公平而善解人意地对待其他同学。有同情心。能很快适应新的形势。在先锋话题方面喜欢与朋友交谈。喜欢与朋友度过课余时间。

时间管理

该学生：能够有组织、有条理地完成课堂学习任务。能够有效地利用上课时间。不迟到，不早退。上课有充分准备。学习节奏适当，既不太快也不太慢。能够按时完成学习任务。能够长期坚持艰苦的学习。有时间观念，不拖拉。

学习习惯

该学生：是一个有良知的、勤奋学习的学生，能够独立、按时完成作业。是一个自我激励的学生。他的学习超出预期的质量，能随时掌握新的概念。作业整洁而细致，能够认真检查作业后再交。没有人监督也能够很好地完成任务。自律。能够通过对细节的关注避免粗心错误。可以创造性地完成令人印象深刻的作业。

发挥学校法律顾问的作用

作为新杰西州一所五年级学校的校长,大约 10 年前,斯查瓦尔博士收到了该学区的 13 所小学邀请法律顾问的函。

"我不需要法律顾问,我们可以搞定一切。"之前他说,"当我有一个法律顾问后,我感到一开始怀疑一个法律顾问到底能对学校起到什么样的作用是多么愚蠢啊。"

现在作为教育领导项目的主任,斯查瓦尔告诉校长们,一个经过训练的法律顾问对于教师和管理者工作的作用,就是让他们工作起来更轻松,改善学校与家长的关系,更重要的是,可以为孩子们提出有价值的忠告。

"作为校长,我以前从来没有认识到法律顾问的作用。"斯查瓦尔说,"可现在,我抓抓脑袋问自己,以前怎么不用一个这样的人呢?"

"这太正常了,小学管理者和教师都没有认识到一个不可或缺的法律顾问的作用是什么。"一个有经验的法律顾问补充道。

团队的一部分

"当法律顾问还被认为对于小学来讲是一个摆设的时候,在今天的学校中,他们已经成为很重要的资源,包括对于学生、教师、管理者和家长来说。"斯查瓦尔说。

"让学校所有的员工看清楚法律顾问是学校所有工作的一部分是很重要的,"弗吉尼亚州的一位身兼 2 所学校的法律顾问玛丽亚说,"法律顾问复杂的工作程序保证了学校各项工作的高效运转,我们评估了这项工作对于学生成绩的作用,我们知晓学校的问题所在,我们也可以设计全校范围的活动来达成学校的目标。"

学生们对于法律顾问的一些要求主要在这两个方面——家里的问题和与朋友的问题,而个人的法律顾问只局限于其中一个方面。

"有时人们会想,法律顾问在那儿就是为了重演问题——这是一个误解,因为小学的孩子年龄很小,他们的问题也很小。"玛丽亚说,"真实的情况是,我们的主要工作是阻止一些问题的发生,我们帮助所有的学生面对每天的挑战,而且要减少学习中的摩擦。"布里斯托手下的法律顾问告诉学生:"学校的法律顾问的作用就是让你们拿到学习许可证。"

孩子的拥护者

不幸的是,小学校长经常不信法律顾问有什么实用。那些过度劳累的小学和初中的校长们认为,法律顾问只不过是自己的助手,主要解决纪律问题,其实这些都不是法律顾问的工作。斯查瓦尔指出,校长应该坚决维护法律顾问的角色,即儿童的忠告者和打气者。

"他们(老师和校长)是麻烦的平衡者,"斯查瓦尔说,"当他们想要成为学生的忠告者时,他们所处的位置其实并不适合这样的角色。校长也需要看一看站在学生那边是如何的,这会减少无助,因为好像每一个人都会站在他们那边。"

"问题并不是孩子们说什么,而是孩子们没有说出来的内容,除非你能够跟上这样的感觉,不然你不会得到满意的结果。"

"如果法律顾问被学生看成是管纪律的,他就会失去可信度。"玛丽亚说。

仅仅把学生引到校长办公室,尽管不一定是为了纪律问题,对一个孩子来讲已经是个限制了。"可以在学生到那儿之前就给他足够的帮助,"斯查瓦尔说,"否则当一个孩子并没有做什么,或者他第一反应是我们要改变他、要惩罚他时，他并不知道背后到底是怎么一回事。"

换一个角度，如果一个法律顾问在这之前能够与孩子们接触一下，与孩子的老师接触一下，把导火线拆去，他们也许就不必去找校长了，法律顾问也许可以从学生们的问题中学到什么，这样才可能影响学生以后的行为。

"当学生们确信法律顾问就在身边时，他们也许愿意开口讲更多的真相，"斯查瓦尔说，"法律顾问可以对老师或者校长说：'事情还在进行中，别着急。'"

卸下包袱

一个有经验的法律顾问也能够减轻管理者的压力。校长每天要面对这么多的困难，他需要有人在学生的问题闹到办公室之前，帮助他关注和解决这些问题。

"现在，过重的责任已经把校长弄得不堪重负，"斯查瓦尔说，"所有的事情都压在校长身上是不可能的，法律顾问的任务是解决这些事情——在需要我出马之前，法律顾问就已经搞定了。"

斯查瓦尔所在学校的教师也从中受益，因为有这么一个具体的人来帮助他们解决特殊孩子的问题，这样他们可以更好地管理自己的班级。

"如果对班级管理和学生的行为控制有疑问的话，老师有时会不情愿地来找我，因为我会评估他们的行为，"斯查瓦尔说，"如果他们可以使用别的资源，比如咨询某人，那人来到他们的班级观察学生并给出建议，这样我就会觉得工作容易多了，我会让老师们先去寻求法律顾问的指导。"

"而且，如果你在秋天就把所有的力气用完了，那到了春天你还有什么招呢？"

布里斯顿的法律顾问们分担了教师的压力，给他们提供了实际的支持。"我们总是给他们一些法律建议，或者给出学生的计划及教室的管理技巧，"玛丽亚说，"我们是他们的伙伴，如果学生没有完成家庭作业，没有集中注意力，或者有学习上的障碍，我们会提供法律辅导。"

"法律顾问也会到一些论坛上,和有困难的家长交换意见。"玛丽亚说。

"校长有很多的压力,包括州里的统考,而学校的法律顾问让成功的步子快了不少,"玛丽亚补充道,"我们可以提供法律支持,这是别的员工不能够提供的。"

斯查瓦尔表示,他的学校中的法律顾问与教师们建立了良好的关系,这样教师们会看到法律顾问其实是站在他们这边的。

在布里斯顿学校的教师们,经常会和法律顾问讨论他们所面对的学生的情况,这些问题包括:如何关心新来的学生,因为他找不到朋友;一个女孩子不吃午餐,因为别人叫她胖子;在体育场上每天都发生大量的争吵,需要人调停;一个男孩子在座位上坐不住并完成不了作业,想要找家长来家长却不来,或者一个学生拒绝到学校来上课。

当然,教师们认清法律顾问的角色还需要花些时间:"有时我感到这些人由他去,我只做对我最有利的事情——但是什么才是对孩子最有利的事情? 有时一个法律顾问也许会对我说,'这是你该干的事情'。"

"一个高效的法律顾问的工作能帮助学生更好地社会化、感情化,提高学业水平,而且他们还会排除风险。"玛丽亚补充道。

"我们为自己复杂的发展系统而自豪,"玛丽亚说,"我们对每个学生负责,或者至少是为有需要的学生负责,我们教一些教室中的指引课程,这是基于我们州的标准来做的。我们分成小组,讨论一些诸如社会化、工作习惯,以及如何面对离婚等事宜,我们与家长接触,为他们提供工作坊,与有需要的教师一对一地商谈。"

帮助家长、帮助孩子

一个有经验的法律顾问不仅帮助了教师,而且帮助了家长和他们的孩子。"你需要某人理解如何帮助孩子们变得更好,并且有组织性地帮助家长达成这一目标。"查尔瓦多说,"我会让法律顾问为家长们办工作坊,他们将会给家长提供一些注意事项,问一问家长们有些什么问题需要表达。一个有经验的法律顾问可以弄到更多的信息,这样可以为校长处理家长方面的问题提供帮助。"

"家长们经常会问这样一些问题,比如如何更好地告诉孩子们关于死亡以及离婚等话题。"玛丽亚说。

如果一个家长给校长打电话,说他的孩子的问题,有时斯查瓦尔会回应说:"我有一个法律顾问在这方面很有办法。"然后告诉家长如何和法律顾问联系。

有一次,一个家长找校医,因为她发现她的孩子可能有不良的饮食习惯。"那个校医找到我,我让家长去找法律顾问,然后这位法律顾问就和家长交换了信息。"斯查瓦尔说。

"我们经常提醒家长注意这些问题,但我们却没有告诉家长如何表达出来,"斯查瓦尔说,"有一个法律顾问来说一说如何让校长和家长把要表达的东西正确地表达出来大有好处。"

趣味数学课:棒球与数学

学生的学习目标:发现数学和大众娱乐之间的联系。

教师首先应该熟悉棒球赛的有关规则,观看地方球队的比赛或者访问网页以获得基础知识,特别要注意场地的尺寸,包括路径的长度等,还要研究成功率之类的信息。

有的只是简单相加,也有的要考虑成功率,如何进行排名的,等等。

棒球为实验数学问题提供了无数的机会。其中也会涉及高级的问题,甚至在高中也会用到,如,个别球场的尺寸或者几何概率,因为它涉及球员的统计等。

向学生介绍和讨论数学的乐趣,需要探索一些方法,如我们可以用游戏来学习数学。

以下是一些可以用来选择让学生讨论的问题和相应的数学问题。

数学是如何与娱乐相结合的(如九方格迷宫)?

如果没有数学,棒球将有什么不同?

在棒球中用到数学的地方有哪些,从设计球场的建筑师,到跟踪分析球员的统计学家,他们都用到数学了吗?

不懂数学,你能成为一个好的棒球手吗?

如果一个球员打了个本垒打,他跑了多远?

答:180 英尺(约 54.8 米),由于一边有 90 英尺(约 27.4 米),他跑了两个边,90 + 90 = 180 英尺(约 54.8 米)。

如果你最喜欢的球队在积分榜上落后 3 场,他还需要赢多少场才能超过对手?

答:要赢得 4 场比赛才能超过对手。

如果一个球员在 10 次击打中打中了 3 次,他的平均打击率是多少?

答:3 ÷ 10 = 0.3,所以球员的打击率是 0.3。

在看棒球比赛时,你可以购买 2.95 美元(约 19 元人民币)16 盎司(约 0.45 千克)的苏打水,也可以买 3.75 美元(约 24 元人民币)24 盎司(约 0.68 千克)的苏打水,哪种更划算?

答:除了以后比较,3.75 美元除 24 得 15.6 美分(约 1 元人民币),所以它更划算。

一个球队过去 10 年的记录是 800 胜 670 负,如果不考虑任何其他因素,今年球队的成绩将会如何?

答:分别把 800 和 670 除 10,可以得到本年度的预测记录,即可能会有 80 胜 67 负。

如何学习树

这是美国著名教育杂志 *Education World* 提供的课程计划,由加州著名的艺术家和博物学家罗伯特担任科学顾问。该课程为教师和家长提供了教案、视频和互动活动,让孩子通过艺术、音乐、戏剧、写作、摄像、视频和自然笔记等方式参与。

科目:科学、作为探究的科学、生命科学。

年级:4~8 年级。

简介:通过这个科学实践活动,学生使用感官以外的视野体验树木。

教学目标:

学生通过视觉、触觉和嗅觉识别几个树种。

能够描述叶子的形状和类型,熟悉几个树种的树皮、生长型等。

关键词:

树,科学,生态系统,生态,环境,户外,自然,意义。

所需材料:

树的标签(能够钉住的大卡片);

班级人数一半的眼罩;

探索表格(每人一份);

铅笔,钢笔,或蜡笔;

学生笔记本,日记,或绘画纸;

剪贴板(可选,每一个学生小组一份)。

注:本课需要30～90分钟,建议到校园或附近的公园进行教学。

课程计划:

树林是生态系统的重要组成部分,因为它们会影响周围的一切,包括当地的天气和生活在该地区的野生动物。如果你想了解生态就从树木开始吧,不仅在农村如此,在城市也一样。树木是城市生态的重要组成部分。

在这次活动中,你的学生将通过视觉以外的感官来熟悉树木,你的学生会发现本地树种以及它们的特点,对树木的了解不仅仅止于知道它们的名字和样子。这是一个任何季节都可以开展的活动,最好的时间是春天或秋天。

让你的班级去野外旅行,选择一个集合地点,挑选出3～6名学生,去探访当地有名字的树木。试试这个资源(图书馆的参考书),帮助识别不同的物种。

这些树应该离散步的地方不远,可以清楚地看到。选择一棵树观察树叶。给你们选择的树起名,如"山姆"或"贝蒂",使你和你的学生在你的活动区域发现不同的树木,在名片背面写上通用的名称。

准备好背景信息,了解树。

在开始时,要检查你的学生是否已经知道这些相关的知识。以下问题可以帮助你评估学生的已有知识。

是什么让一棵树不同于其他种类的植物? 树木有厚重的茎,通常高于3米。灌木有木质的茎,也有许多较小的茎。(有些孩子缺乏植物知识,往往把高度说得低很多。)

你的邻居家里生长着什么树? 检查通用名称。学生可能说"云"或"松",或者他们知道实际的通用名称,如"白杨"或"松树"。如果树在教室窗外可以看见,让你的学生知道这是什么树,它们叫什么名字。看看你的学生是否理解落叶和常青树之间的差异。

什么动物生活在树上? 让你的学生尽可能多地知道它们的名字。这将有助于他们认识树作为本地动物的栖息地的部分知识。他们可能发现有鸟巢或者作为饮料的树木,他们也应该能够说出一些动物,如松鼠,它们主要在树上生活。

树是如何繁殖的？让你的学生说出他们可能熟悉的各种方法。树木可以通过种子来复制,这是最常见的,但幼树也可以通过吸盘从父树伸展的根系来克隆自己。检查你的学生是否认识到许多树是雌雄合体的。

活动：

让学生完成以下几项活动之一或者多个。

A. 蒙着眼睛找到树

让学生分组工作,每个组都要有一个眼罩和一份树的发现表。

每队中有一个成员蒙着眼,小心地摸每一棵树并标记好。

一旦摸着树了,被蒙住眼睛的学生将探索树从地面到他可以摸到高度的地方,并描述其纹理、味道、形状和区别于其他树的属性,合作伙伴将这些观察记录在表中。

他们有五分钟的时间移动到下一棵要探索的树边去。

在留下标记的树前,被蒙住眼睛的学生必须猜到这是什么树。

访问至少三种不同的树。

20分钟后叫回你的学生,并交换角色,重复这个过程。

当他们完成了任务,测试你的学生识别树种的能力,让他们分辨出每一种树的特点。他们强调这些特点,并在表格中写下来。

B. 绘制树

上课时把白纸和铅笔分发给大家。可以做以下任务：

把整棵树画出来。

用树皮做一个橡皮擦。

使劲搓一棵树的叶子。

画一个详细的只有几片叶子和花蕾的图。

C. 本地树的现场指导

当你的学生已经确定通过野外旅行得知了本地的树木情况后,让他们把这些树种的情况写成指南,用数码相机拍出照片,或绘制图表,帮助确定对树的描述。

细节包括像叶子的形状和颜色,分支的安排,树的大小,它更喜欢什么样的栖息地,树皮的纹理和颜色,其他细节等。把班级分成小组,每个小组指定一个树种。他们可以利用互联网收集更多的自然历史信息,并描述总结。

D. 室内的选项

如果不能用户外的树,照样可以在课堂上把这个活动搞得有乐趣,只要找到树木(修剪树枝或盆栽品种),把它们放在房间里,蒙住眼睛做探索活动。

延伸的课例:

计划一个植树项目,加强学生对树木价值的理解。帮助学生发展人与树的美妙关系,让他们获得许可后在学校的操场或在当地的公共土地等地种植树木。选择一个树种,最好是原产于你们的地区,也可以寻求父母的帮助,把树木种植在一个能够得到充足的阳光和水分的地方。

多媒体:

代替手写,让学生记录观察过程,当他们蒙住眼睛探索树时,让一个合作者拍摄视频剪辑,手机摄像机或数码相机皆可,或使用便携式录音设备(如录音机或数码录音机)做一个录音。

社会媒体:

雅虎网络相册(Flickr)和脸谱网(Facebook)都是有用的工具,学习一些有关树的期刊和照片,建立班级网页让学员共享这些发现,随时更新,如果有新的发现,或者有新的照片,以及有任何新的进展都放到班级网页中去。

背景资料:了解树

1. 什么是树

树是简单的大型植物,有厚的木质茎,十分坚硬,能够成长为树木。树木茎部长得大,可以用来做木材。在我们的城市和公园几乎到处都可以看到树木,它们作为景观的一部分无处不在。它们非常重要,因为在许多生态系统中占主导地位。

2. 树的类型

A. 阔叶的树木

阔叶的树木有柔软的平的叶子,宽叶木包括大叶枫、蓝骨木等。阔叶的树木也被称为落叶树木。这些树大多数有简单的花并且有种子,在夏天和秋天成熟。它们的一些种子是坚果,如橡树的橡子。而其他树,如白杨和枫树,通过风进行种子的播种。

B. 针叶树

针叶松包括云杉、松树、落叶松、冷杉、铁杉和雪松。这些树的叶子是僵硬的、木质的,除了落叶松外,其他树的叶子可以全年都待在树上。所以它们组成的森林也被称为针叶林,大多数情况下,四季常青,整年都拥有种子。

3. 树的构成

叶:像其他植物,利用阳光和树叶中的二氧化碳和水产生糖。这被称为光合作用。

冠:树的顶部冠。通过添加新的分支来增加高度,这叫冠高。

分叉:分支使叶片展开得到阳光。

躯干:它是树的木质芯,由一种叫作纤维素的坚韧材料构成,它是由相同的树叶中的糖所产生的。

树皮:它是树干和树枝的粗糙的外层覆盖物,作用是保持成长中组织内部的干燥。有些树有厚厚的树皮,可以抵抗昆虫、真菌和火灾。

基:通常是树干最宽的部分,常有厚皮。

根:树根做一些重要的工作。它们深埋于土壤中并使树干保持直立,把水和矿物质运到树干及叶子上,在冬季储藏糖和淀粉。

4. 树木和森林的重要性

树作为自然界的一个最重要的食品生产商在生态系统中发挥着重要的作用。树木吸收大量的二氧化碳和水,并通过光合作用,产生氧和糖。氧气是动物所需要的，它们可以呼吸。糖，称为葡萄糖，用于木材和其他植物材料，也被许多动物作为食物。以这种方式，树木和其他植物供应着动物的氧气和食物。

森林覆盖的土地供应河流和湖泊的水。森林就像一块海绵和一个过滤器，吸收雨水和融雪水，去除污垢和矿物质，并慢慢地释放它。

如果没有森林，我们的淡水供应将进一步受到威胁。森林也是多种动物的重要栖息地。

名师给新教师的忠告

名师斯泽尔富勒

我开始教七年级和八年级时，一位教师对我说的话至今还记忆犹新。他说："如果你碰到一个粗野挑衅你的学生，给那个学生一个选择。首先你要立场坚定，即使最后的结果是那个学生不喜欢的，你也要给那个学生一个机会，不要与他形成完全的对抗，机智一些才好。"

名师里甘

当我刚走上讲台时，我曾经问过我的指导老师如何教，她说："第一个学期要绷紧。"我认为她给我的是忠告，那就是凡事都要想得困难一些，不要以为学生的学习都是自觉的、聪慧的，随后你倒是可以放松一些，但正如一位哲人所说，不要掉以轻心。另一种让你的生活更容易些的方法是，尽量和学校的后勤人员（如学校的秘书）关系融洽一些，当然还要和所有的同事搞好关系，这样你才不至于被孤立。

名师琳达

我最好的建议是尽可能多地与家长联系，特别是在初中一年级时，因为这时父母对孩子的关心和支持开始减弱。我每周至少给所有的家长发一次电子邮件,告诉他们学生的进展情况,每两周,我告诉家长一些学习上的秘诀,并建议学生不妨用网络形式把我课上所讲的内容实践出来。我还表扬学生在做的事情,包括他们参加了什么样的义工队伍等。我还建立网站和家长沟通。这些年来,我不仅告诉家长孩子在我的课上学习了什么,还包括孩子在德育等方面的发展情况,这很有用。

名师苏珊娜

我刚到一所新学校时,在吃饭时与其他老师的聊天内容对我还挺有用,这让我更好地了解这所学校的人员,尽管这是休息和放松的时候,我却通过这样的时间更真实地了解了学校。

名师凯瑟琳

如果我要给一条建议,那就是管理战略,这可以应对课堂上的不同层次的学生。今年我的策略是每日五循环,即:自己读,对别人读,听别人读,写一写,做一做词汇练习。这个过程针对小学阶段的学生,一个循环下来,好处多多。老师和小组同学共同工作,这个方法也可以在任何时候使用,这个方法让我的每个学生的能力都得到了提高。

名师南希

对付调皮的孩子要有底线,要思考这个学生最适合什么。在刚开始教学时,不可避免地会有各种冲突,来自管理者、同事和学生家长的各种信息可能让你无所适从,但是,当老师就意味着责任,不能让任何一个孩子落伍,要争取"双赢"。

名师丹

很难用一句话来给新教师作建议,因为从我的经验来看,建议太多了。有一个错误想法是,新教师总是想讨学生的喜欢。

当然,每个人都盼望得到别人的喜欢,但这种尊敬是别人发自内心的,而不是讨来的。有些学生喜欢你,也有些可能不喜欢,有些教师为了得到学生的喜欢而"出售自己的灵魂"。什么时候都别忘了自己的教师身份。有位名师说得好:"我们教的是孩子,不仅仅是学科。"

名师戴蒙

应该自己找一个师傅,这个师傅最好和你在一个年级,你也可以去找校长,让他给你建议一个带你的老师。

不要怕问问题,要不耻下问,这是成长的好帮手。

另外也要保持一些爱好,如散步、阅读等,这样可以有助于舒缓压力。

名师罗伯特

孩子一开始可能对你很温顺和有礼貌,但这只是"蜜月期",很快他们就将考验你,看看你到底有多少料。你要有耐心,有爱心,而且尽量多掌握些知识,如果实在回答不上来,可以说:"我不知道这个问题的答案,但我会很快找到并告诉你。"

名师乔治

多培养自己的幽默感,不妨拿自己出的错幽默一下,这样气氛会很活跃,如果学生感到很轻松,他们会喜欢你,这也有利于他们的学习。

名师伯尼普尔

把一句亚里士多德的话赠给新教师："优秀是一种经过培训和习惯养成后的艺术。"

新教师要养成良好的习惯，追求卓越就是一种习惯，有志者事竟成。

名校校长是如何激励学生的

优秀必须奖励

加利福尼亚州的门托尼小学校长金·卡瓦纳认为，当学生做的一些事情真的很好时，应该鼓励。在她的学校，如果学生在学术、考勤、阅读和行为方面取得成就时，会有鼓励。她说："我们有学期学术奖，其中包括证书和奖牌。"

在阅读方面，做得好的学生将会获得奖励。"如果学生通过考试将会有奖券给他。"

学校每月都会抽一次奖，以确定学生是否跟着校长去吃一顿饭并得到一本书。

寻找超越奖

奖励往往是有益的，有时学生也会从中获得满足，从而更出色地完成工作。

宾夕法尼亚州的匹斯堡中学校长格雷格博士说："我认为现在的奖励太注重外在的东西了，我们应该把重点放在学习上，而不是在噱头上。"

"我们如果为了奖励而奖励，学生会弄错目标，"他说："相反，我们应该创造有趣而引人入胜的充满活力的学习环境，将重点放在学习过程中。"

华盛顿的宝云小学的校长米勒同意他的观点，他说："我同教师一起工作,帮助他们与学生一块儿学习,提供即时的结论反馈给他们,并让他们有机会纠正自己,让他们在成长的同时感受成功的喜悦。"

让它更有趣

如果把科学事业放到学生和家长心里,都会觉得相当的沉重,但你可以把它改造成一件有趣的可以用来动手的事,它便从可怕变成了有趣。

马萨诸塞州的布拉顿基督教学校的前任校长卡伦·霍奇斯正是这样做的。"我们已经注意到,我们的学生并不兴奋,于是我们决定要尽自己最大的努力让年度科技博览会有趣。"

"所以我们改变了开这个博览会的形式,让每个学生动手为我们学前班的学生准备一个科技小节目,背景就是他们本年度在科学课上所学的内容。学校举办了学生的家庭科学分享之夜,分享他们的工作,这是在为大家鼓劲。高年级的学生有机会分享知识,与低年级的学生互动,并探索出一条科学的途径,这是他们感兴趣的。"

如何描述伟大的教师

美国某教育网站引述了 Students First 组织的一项教师感谢周比赛结果，该比赛的规则是用一句话感谢教师。比赛期间，主办方收到了 28 000 条鼓舞人心的好句子。

现在向大家分享这些佳句，让教师们知道你有多感谢他们。

我五十年后还记得她。——卡伦（冠军），印第安纳州

他们怀疑，你却信任，我成功了。——菲利浦（亚军），威斯康星州

为了别人的成功而无私奉献。——阿曼达（亚军），内华达州

老师举着学生登高的梯子。——丽贝卡（亚军），宾夕法尼亚

所有的三十个学生都举手。——威廉（亚军），华盛顿

引起兴趣，点燃好奇心，点燃梦想。——杰基（亚军），得克萨斯

启发明星，托起火箭。——亚当，伊利诺斯

灌输知识，激发热情，激发卓越。——维斯加丝，加利福尼亚

种植种子。——辛乐拉，伊利诺斯

打开书，打开心灵，打开门。——南茜米，亚利桑那州

我挣扎着，她从不放弃。——斯卡尔特，田纳西州

挑战极限，提高期望，鼓舞成就。——卡拉，科罗拉多

她说，我可以做任何事情。——于姬，新泽西

打破成见，形成翅膀，激励飞行。——凯思琳，内华达州

伸展想象力，扩大知识面，增加机会。——亚当，亚利桑那州

点燃奇迹的火花，挑战思考，破除神话。——瓦莱丽，宾夕法尼亚

在别人发现之前看到一颗星星。——吉塞拉，新泽西

建立信心，开启未来，塑造前程。——斯蒂芬妮，俄克拉荷马

老师启发有梦之人实现它。——朱迪，宾夕法尼亚

奉献、耐心和永无止境的鼓励。——玛丽，佛罗里达州

将"我不能"变成"我完成了"。——凯瑟琳，宾夕法尼亚

教师揭示照亮黑暗的可能性。——琳赛，马萨诸塞州

发放揭示世界秘密钥匙的人。——安玛丽，密歇根

通过期待卓越而改变世界。——阿曼达，伊利诺斯

看护学生飞翔，然后要求他们飞得更高。——潘乔，俄勒冈

将堵死之门打开。——贝卡，内华达州

向所有学生负责使其成才。——玛丽，加利福尼亚

让我所有的学生超过我。——哈维尔，纽约

谈校长的面试技巧

你对现在的工作的面试还记忆犹新吗？你是如何准备的呢？在面试中都碰到了些什么人？你被问了些什么样的特殊的问题,或者哪些问题让你打结了呢？

如果你现在是学校领导,还可以回忆起这些问题,每个想当校长的人都很想知道你的建议。为了帮助这些人,我们选了一些面试的案例,想给那些在准备校长面试的人们一些启示。

自己研究

那一年,安卡尔是亚马库斯学校的校长,安卡尔最近通过面试争取到了卡纶顿高中和绿色公园小学校长的位置,他在面试时遇到了这样一个问题:你有什么更好的计划让这所学校发展得更好？

"我很喜欢这个问题,我一直在准备着。"安卡尔说,"当他们提这个问题时,我把我总结的要点很快说了出来。"

"每个被面试的校长可以准备的时间是不等的,'自己研究'是回答这些问题的关键词,这些问题一般不难回答。"安卡尔解释道。

安卡尔的回答包括了学校发展中的优势和劣势。"我打算让学校更加安全,改善学生的文学和数学水平,提升员工的道德水准,让学校充满人文气息,让科技成为教学的一部分,发展图书馆和资源中心。"他说道。

如果一位校长候选人准备在面试中有亮点的话，那位候选人应该去可能要去的学校考察一番，以行动来思考这些问题。

杜克是纽约州的马希纳斯高中的校长，他认同要研究该学区，以及确定要去的学校，这才是赢得那份工作的关键。

"在这个学区中，我为学生准备了家庭作业，我查看了他们考试的分数，我找了我认识的在那儿工作的人，问了学校的情况，找一找在那儿工作的感觉。"

"我越研究，越认为马希纳斯就是我要去工作的地方。"

杜克认为，到实地考察，比知道面试时问题的答案更加重要。

"选择错了地方，或者选择错了工作，会带来连锁反应。"他说道。

期待的问题

屋纳尔曾经当过七年的校长，但她已经回忆不起当初被问的问题了。"我只记得对于行为的要求，我被问到告诉他们如果出现了就怎样去处理，而不是你想干什么。"

"对于某些公共部分的问题的预测是很容易的。"屋纳尔补充道。

"你可以预测到，会被问到'是什么让你去竞争这个位置'，或者'怎样才能为那个角色做好准备'，"屋纳尔说，"你也可能被问到，'如果与家长或者同事发生争执怎么办'，你可能被问到校长的领导才能，也许会被问到学校的安全等。"

屋纳尔提醒，对待这些问题要像准备论文一样，"不要局限于自己的想法，"她建议道，"要知道某些基本的模式，如，如果是问学校安全的，我的开头句应该是：'学生的安全是我第一要考虑的问题，只有在一个平安的校园中学生们才能获得好成绩'。"

"开头句完成后，你就可以回答你自己的特殊感受了。"屋纳尔说，"最后，当你已经完成了回答，选择一个结束语，如'常备无患，确保学生能够在一个安全的环境中学习'。"

候选人甚至可以把这些"标准的问题"写下来，用论文的形式来写。屋纳尔建议道："更好的方法是和一个同事一起，搞一个模拟面试，把过程录下来，你可以学到很多。"

当蒙斯第一次面试时，她把所有可能会被问到的问题列了要点，猜想开头大概是这样的："你可不可以告诉我们你的经历，是不是这种经历让你成为这个位置的最佳候选人？"

"他们已经有你的简历，自己以及别人的推荐了，所以不需要重复这些问题。"蒙斯现在是弗吉尼亚州的一个小学的校长，她说："你要深入考虑的是如何让学生成功，用最让人有印象的方式讲出来，以及如何成为一个组织高效的领导，或者让人觉得你在对于孩子良好习惯和品质的养成方面有过人之处。"

另外，蒙斯想到在面试的最后，一般会被问到："还有什么想告诉我们或者想问我们的吗？"

"如果没有太多需要总结，你可以平静地结束，要有信心，你是唯一的。"蒙斯说，"另外，预想一些问题，如学校的基本出发点或者目标是什么，你所在的学校的强大的优势是什么，或者这所学校的理想的校长该是怎样的。"

"准备好这些问题以及提问的问题，总是让我在面试中成为最优的两个人之一，"蒙斯补充道，"我只是等待着那个学校来找我，而且一定会的！"

不曾想到的一些面试问题的处理

在面试的时候还要考虑一些没有想到的问题，对于每个问题你要想到可能有一个人站在后面，这些"超级"问题好像直击你的灵魂深处，你的这些回答甚至可以打断面试的正常程序。

"作为一个教育领导者，我准备在面试时谈论学生的成就，以及我的管理技巧，"哈宾校长说，"当他们问我如何负责一个400万元的工厂时，我却不知如何回答。"

哈宾没有说为什么她对这种问题回答不上来，因为"负责一整栋大楼是一个非常重大的责任"。

今天，作为坦萨斯州杜耶小学的校长，哈宾感到作为一个服务系统的负责人感觉太美妙了。"但我从没有不带纸和笔就在学校中转悠，"她说，"很多次我回来，都会列一个小事情的备忘录，包括哪些东西要修之类的。"

这表明她现在已经对设备等的重要性理解得更深刻了。"我现在在办公室都放一个工具箱，可以自己随时修东西。"

亚拉巴马州的维斯尔小学校长斯托克斯想到了她第一次面试时的情景。她对这个学区的家庭和需求十分熟悉，但是，"最后，我还是被问到很多有关人际关系的问题，以及对这份工作的尊敬的感觉，而不是像财务这些事情。"她说道。

斯托克斯被问到的最与众不同的问题是她闻所未闻的，她的一个合作伙伴问道："如果你能够变成颜色，你想变成什么颜色？为什么？"

斯托克斯认为，可能面试者先到一些教学工作坊待一段时间会有好处。"而我们越是想着那个问题，对该问题的回答就会越清楚，回答为什么你选择该颜色，也许与你是什么类型的人密切相关。"

彼特那天面试时，他感到很有自信并准备很充分。他将简历、艺术作品和一些相关的档案卷宗带给面试官看。他以前也是个校长，对这个学区的学校也非常熟悉，所以他一点也不紧张。他很高兴与面试官一起讨论如何做一个领导者。

彼特没有对他在面试房间中所见到的东西做准备，有20个面试官在那儿，包括教师、助理校长、学生、家长、委员会成员。家长和教师们抢着发言，甚至问他学生在食堂中该吃什么。这些都没有难倒他，他曾经在7个州的17所学校任过职。

"我一走进面试间，介绍了一下自己，然后递出我的简介，"彼特回忆道，

"然后我问我可以坐在哪儿……"

彼特被告知全程他都得站着。这么多的面试官坐在那儿,而他只能一直站着回答一个个问题。

"直到今天,我还不知道为什么我要站在那儿进行面试,但这一定是我所经历过的最不平常的事。"

很少有校长像柏劳得那样受惊吓,当时她在应聘密西西比州绿山小学的助理校长。

柏劳得一直不停地寻求领导的职位,当时她是六年级的阅读和语言艺术教师,但她心存高远。有一天,她接到一个让她去面试的电话。

"我的第一反应是我做了什么?"柏劳得说,"然而,到了那儿我才知道是让我去应聘,没有迟疑,他们一个接一个地问我问题。"

这些问题包括"想一想你的前任校长们,他们各自都有什么特点,你从中学到了什么"。

"我曾经在五位不同的校长手下干过,而我确实没有想过在他们那儿到底学了什么,"柏劳得解释说,"而这个问题确实要让我考虑,要从他们身上学些什么。"

"这些问题和我的回答帮助我变成了一个更好的管理者和更好地做一个人。"

最后,柏劳得并没有得到助理校长这个职位。取而代之的是,她成了这所学校的校长!

人生中总有一些不期而至的惊喜!

老校长对新校长的一席话

有 23 个学生已经从一位老校长的教育管理研讨班毕业了,他们被要求去面访一个学校的管理者,并向对方提出 6 个问题。那么,为了点燃一个校长的激情,最后 2 个问题你如何问?

我想校长对这个问题的反馈值得分享,它会提醒其他的学校管理者,最重要的角色和技巧是什么。为了让大家明白,我列出了小学、初中和高中校长的建议,分为 4 个部分。

校长的角色定位

- 如果你觉得还有什么比学生更重要,请再仔细想想。
- 当你一实践,发现并不是那么回事。
- 给一个管理者以帮助,尽可能告诉他第一手的经验,包括可能会在书中读到的一些方法和技巧。
- 不要害怕工作艰苦,或者没有挑战。
- 记住你是一个服务员:你为孩子和教师工作,没有别的什么。
- 了解你自己。
- 关注很多方面,而不是最新的东西。
- 记住要怎样做一个教师。

- 知道如何与家长打交道。

- 要正直,做老实人。

- 不要因为你的工作或者头衔就觉得比别人厉害。

- 管理者要有领导技巧,但你不过仅仅是自己的员工。

- 学会轻重缓急。

- 尊重所有人——不管是学生、家长、教师或者其他人。

- 不要擅自做决定。

- 沟通技巧,如讲话和写作水平,对于你的成功非常关键。

- 不要想着一天建好罗马。

- 手下要有一个好的员工或者助理校长。

- 总是做学生们最感兴趣的事。

人事领导技巧

- 人际关系是十分重要的,"让人们各得其所"。

- 遵循如下的规则——对待他们要比你自己想做的更加好一些。

- 认识你的优点和缺点,你应该打造关系,校长的工作就是互动,你必须得打造关系。

- 不要怕花时间在打造关系上,花时间与很多人建立互信的关系是值得的。

- 关心员工——关心他们带到学校来的一切,私下里也要关心他们。

- 多听少说,发展和改善你的倾听能力,因为每个人都可以在这个方面加以改善。

课程知识

- 确信你真的懂那些课程。

- 受所有内容的影响,但有自己的重点。
- 在校内外尽量地多学习其他学科方面的知识。

其他的忠告

- 尽量做到最好。
- 尽量寻找新的学习机会。
- 首先要做的事情是懂得管理时间,作为校长只是一种生活方式,而不是一件工作。
- 一旦你认识到这个工作只是一种生活方式,第二件事就是给自己和自己的家庭留时间。
- 在你成为一个管理者之前,尽可能多地把经验积累起来。
- 想象你自己在一个位置上是多么重要,从来不要让别人做你不想他做的事情。
- 认清你的优点和缺点,把优点发挥到极致。
- 不要害怕寻求帮助。
- 保持健康,尽可能吃健康的食物,尽量多锻炼。
- 记住:一切为了孩子们。
- 也要记住,不管他们年龄如何,他们总是孩子。
- 带好一个各方面都做过精确统计的班级,因为数据是一切的基础。
- 尽可能多地阅读,并弄清楚你自己已经深入下去了。
- 能够与其他教师一块儿认识和讨论好的教学策略。
- 要有预见。
- 不要害怕授权,如果你想让学校和员工从优秀变成伟大,请相信员工,并注意以下几点:

加入监督。

学习学校法律,研究这方面的最新进展。

保持幽默,发展它,每天都使用它。

有一项业余爱好,或者别的一些什么方法以舒缓压力。

反思。

● 你需要一个或者某些能够信任的人,在这个意义上讲,你做出正确选择的可能性要大一些。

校长如何提升学校精神

每年,学校领导计划各种活动就是为了构建学校的精神。活动可以使家长、教师和孩子作为个体或者群体产生和谐的气氛。

你的学校最近是如何做的呢? 看下美国的名校都是如何打造学校精神的吧。

清道夫活动鼓舞士气和团队精神

每一所学校都有自己的精神,其精神往往会受多种因素的影响。纽约的肯特小学校长平克顿认为她的员工可以用清道夫亨特游戏来活跃气氛,提高团队精神。

在最近的一次员工大会上,她给每个员工一张卡片,上面印有一个熟悉的歌曲的名字。她要求每个人把自己手中卡片上的歌曲哼一哼,他们的任务是找到哼着同样小曲的 4 个人。几分钟内,哼唱着同一首歌的人都聚到了一块儿。

现在,她故意安排那些没有同组伙伴的人一起,她将与他们分享清道夫亨特计划。她为这个团队准备了 10 条谜语,这些谜语来自他们熟悉的事件,每一个谜语对应一个对象。

数学与欢乐联系在一起,

它甚至还有一个小玩具,

马太福音可能是他真正的名字,

这个机器人帮助他们解数学游戏。

任何知道麦克米兰数学连接程序的人都知道这是马太做节目时的吉祥物,老师用小机器人木偶帮助学生给数学概念出声音,这些痕迹线索都明确了老师收集的对象是机器人木偶。

精神是我们学校的吉祥物,

他翱翔飞行,

给我们一个鹰一样的项目,

当然很有远见。

在肯特小学,鹰是学校的吉祥物,所以从这个线索上看,老师们知道了他们收集的对象是鹰。

我们每个人都接到了这个项目,

我相信你会记得,

这是你的一个小秘密包,

我们带来了悠悠球。

每个员工都得成为团队的一员,一起工作,猜灯谜并收集项目。

一开始哼唱的人笑了,平克顿接着介绍,而这些员工会在建筑物周围和办公室跑来跑去,要求别的员工加入自己的行列。

平克顿描述这一幕:"那时,我们正有一些实习班在上课,所以孩子们很好奇,为什么所有的老师在走廊中跑来跑去,闯入教室。'他们为什么跑呢?'孩子们说,'我们不可以在大楼里跑的啊。'"

最后,每一队都回到了会议室。所有人都赢了,他们赢得的奖品是一瓶葡萄酒,这样他们在家里也能精神百倍。

但清道夫亨特游戏的真正赢家是学校的精神。

欢闹的过程让人微笑,它提醒我们,我们在一起。

考试时的精神激励

兰辛小学的创意：为了考生制作激励海报

你可能认为应试和友情是同义词。但许多校长发现，激励孩子在考试中取得好成绩是一个建立学校精神的好方式。

堪萨斯小学的副校长杰菲说："在州立考试的前一周，我们搞了个精神激励周，我们按照考试分数集合了队伍，如 3 分到 5 分队伍。我们邀请了周围的一个学校，搞了一场演出。他们有合唱队，还有球队。"

精神周要求所有分数级别的学生都要积极参与。我们为学生制作了海报，鼓励学生尽力考出好成绩。海报上写着：考得最好！尽你最大的努力！这些海报贴在储物柜和学校走廊上。

"我们的一个三年级老师甚至叫她学生的家长一起制作海报，作为一种精神鼓励。你不认为这是家校合作的一个桥梁吗？这会让所有在考试中相关的人都受益啊。"杰菲说，"在考试周之后还有一个机会来建立鼓励精神。我们安排了学生家长提供早餐给各年级老师，以感谢他们的辛勤工作。在老师们拿着热腾腾的早餐回到教室时，学生给老师阵阵掌声。"

在佛罗里达州的考试中，黏土山小学的校长戴维斯说，他们也为学生提供了很多激励的方法。

"我们用敏锐的头脑、锋利的钢笔作为我们学校的考试海报主题，"他解释道，"工作人员的衬衫上和学生的铅笔上都印了他们的口号。这些精神激励作用是非常明显的。鼓励所有的人都做最好的自己。"

那些没有参与考试的老师，也参与了为考试的老师准备早餐。

最有趣的是对考得好的学生的奖励，问学生们如果得到 A 想要什么奖励，今年他们选择让助理校长打扮得像一个朋克摇滚明星，而让校长戴维斯穿得像一个啦啦队队员。

友好的竞争精神

肯塔基坎伯兰郡的伯克丝威小学,校长罗德尼和他的员工做了许多让学生积极面对考试的事情。

"我们安排了一场学生队和员工队的比赛,我们五年级的对手是教工队。员工队穿着球衣,戴着帽子和黑色的眼镜,就是为了搞笑,我们甚至有裁判、播音员和啦啦队。"

全校性的主题:打造共同精神

"一个打造共同精神的方式是搞一个为期一年的全校性的主题,主题可以统一起来,激发学生,积极鼓励学生和工作人员。"这是佛罗里达州黏土山小学的校长戴维斯说的。

这一年的主题是为了成功而起航。

"我们每个月都发起航奖给学生和工作人员,表扬他们为学校所做的积极贡献,"戴维斯说,"奖项包括免费电子游戏、免费膳食及其他各种东西。另外,他们的照片也会登上我们的起航成功墙。"

"这样的主题可以团结我们,要求我们行动一致。我们每天早上会宣布主题,而你到自助餐厅,会看到工作人员都穿着起航衬衫。我们每天都穿起航衬衫,目的是让学生看到并感受到团结的精神。"

整个学校都在阅读,这是知识的爆炸!

在成千上万的学校中,工作人员使用加速阅读器程序提高学生的阅读能力。一些学校,像新泽西的派克学校,使用该软件创建竞争,鼓励学生阅读和理解。

"学生们总是会遇到困难,"休斯说,"学校就鼓励他们。"

休斯解释说:"每个星期的学生集会,都会大张旗鼓地公布学生的阅读总数。"

每一年,学生都已超过所有的阅读目标,2011 年是 4 020 本,如今,他们已看了 58 000 本书。

"一年级甚至幼儿园也参加进来,"休斯说,"我们在集会上也讲了很多轻松的笑话。"

这已成为一个出色的年度盛事。

想跳舞吗?

"其他一些努力提高学校精神的做法从表面上看并不起眼,但对学生来说是非常有意义的,"威斯勒小学的校长斯托克斯说,"例如,每周五是学校精神日,工作人员都穿着学校代表色的服装到校。"

另一个例子是星期五的抒情舞蹈。

学校希望学生能精神饱满地进入新的一年。

斯托克斯说:"家长和工作人员及学生会每年都会计划许多事情来提高学校精神,但最大的精神活动是每年的返校活动。操场上有爵士乐队,晚上会跳舞。"

近日,斯托克斯带领到校较早的孩子,也就是 7∶15 至 7∶45 之间到校的孩子,让他们作为评委,每周都选出几个获胜的队员。

"只有行为好的孩子才有资格参加,"斯托克斯说,"虽然活动很小,但很有趣,有助于改善学校的气氛,让孩子的生命得以改变。"

当了 24 年中学校长的法兰克参加了无数的活动,力图建立一个充满情趣的学校精神:他参加才艺表演,三条腿赛跑,跟一个职业篮球运动员比投三分球,他甚至把自己装扮成冰淇淋。

但他最为自豪的是化装舞会成了学校的传统。

回到1990年,哈根是特拉华高中的校长,她为孩子的舞会安全而想尽办法。

参与的学生有机会用樱桃派给校长抹脸。

"当然,我被学生抹了一脸樱桃派,所有的学生、家长、教师和家长志愿者都欢呼起来。"

20年后,这种事每年照样举行,学生向校长脸上抹派也照抹不误。

校长谈高效的工作策略

学校有数百个策略在宣扬自己,有的说可以提升学生的成绩,有的说能够提升学生的良好行为习惯,停止学生的恶行,或者帮助学生远离毒品……但事实如何呢?

教育工作者对这些并不陌生,有时,它看上去,有多少教师就有多少策略,或者有多少学生就会有多少对策。

有的关于阅读,有的使人聪明,都说自己是成功的。

有时这些项目旨在改善学生的成绩,另外的则努力去改变教学的技巧或者解决学校范围内的纪律问题;有些策略很容易实施,而有的则不着边际;有些有实践的数据支撑,而有的则依赖教师灵感;有时是免费告诉你的,有的则要花大价钱购买。

到底什么样的策略是好的策略呢?

很多元素组成了强有力的策略,但绝大多数的校长都会同意:任何策略的成功都依赖于教师的买账,还得要训练和帮助教师,这样才能够对这个策略有所感悟。一个由强有力的教学团队支持的强大的委员会能够帮助策略获得成功。

考虑到这些训练和评论对于任何项目的成功都是不可或缺的,我们邀请了校长团队的成员来分享在他们学校中获得成功的一些方法,这都是付出了艰辛的努力的。

全校范围的策略改善了学校的文化及学生的成绩

在改善学生的行为和提高学生的成绩方面,在新杰西州的切里豪约翰逊小学的教职工们,创设了一种可以提高教学技巧的方法,这个在创设关爱气氛并且鼓励学生社会化以及促进学术发展方面的作用还是很大的。

这个提升策略的最重要的亮点之一是晨会,这个晨会在每天的早晨都会进行,有 10 至 20 分钟长,期间教师欢迎学生到校,解释这天要完成的工作,还会给他们时间互相认识,放松一下,这样一天的创新性的工作就可以开始了。

"有时人可能会想到晨会只不过是社会技巧训练的方式而已,但有一点不可置疑,"玛格丽特说,她是该小学的校长,"例如,我被邀请到一年级教室,并且把他们要进行的游戏卡片打开,卡片有一半写着一个大写字母,而另一半则写着对应的小写字母,我随机地把卡片传给学生,他们的任务是找出写有父母的名字的卡片,一旦他们找到了,每个学生将要分享一下他们是如何度过周末的。这个活动已经重复好几学期了。"

为了建立一个充满关爱的责任教室,全校的老师不断使用技巧来让学生的行为更加有序。在集合时,在餐厅中,在休息时,他们用正面的行为表,而在教室中出现一些问题时,他们使用一种转轮表。玛格丽特解释说:"学生们可以逐字地转动这个转轮,直到最后一转,这样他们可以搞清楚到底还有多少问题要纠正,什么是他们想要改变的,什么是他们可以做好并马上解决的。"

"通过责任教室策略,我们能够看到学生的行为得到改善,老师会变得更加精神,学生们也会认真学习。"玛格丽特补充说。

另一个普遍用来创设正面积极的学校气氛的方法名为 PBIS(积极正面的行为习惯介入和支持系统)。豪斯顿的杜耶小学的纪律和学习习惯都很好地利用这套系统进行了迁移。这是他们校长介绍的。

当杜耶小学的教师坐下来研究使用 PBIS 系统来改变学校的期待时,他们的研究表明,学生做对了 80% 的事情,得到的奖励不到 1%。"教师也是个自然人——事实上,人非圣贤,学生做错了事情的时候应更加关注他们。"哈宾说。

"PBIS 希望全校的教师能够多写和多教一些,更加强有力一些,"哈宾说,"在我们学校的每一个角落里,我们告诉大家什么叫准备好了,什么叫尊敬,什么叫责任心。然后我们就会对做了正确的事情的学生给予赞扬和奖励。"

"当你聚焦于积极面而不是想着惩罚的时候,对于学生和教师来讲都会更加美好,"哈宾补充说,"作为我们的学生,他们知道自己被期待成为什么样的人,很多学生第一次发现了成功和赞扬。"

PBIS 教程的负责人说:"办公室人员被减少了一半,这会增加学习时间,也会改善学生的分数。PBIS 教程在很多学校使用着,包括纽约州的杜被中学,这是校长约芙今年引进的,学校的管理团队非常努力地工作,建立起一个持续的可以控制的系统来监控学生的行为,PBIS 系统是学校教育项目的特点,可以说很自然地结合了起来。"

"我们拥有一支很有献身精神的教师团队,他们都经过了 PBIS 的系统训练,"校长约芙说,"他们使用录像视频向学生展示什么是正面积极的行为,这些行为在学校中会得到鼓励,如合适的乘坐校车的方式会在校车上得到展示,而且还会在全校宣传。"

"这个团队搞了一个为期 3 年的 PBIS 详细计划,"约芙说,"在第 3 年的时候,当每个教师根据自己班上的情况进行补充后,我们将建立起一个好行为的数据库,使用学生喜欢的卡通海报来进行宣传。结果全校都体现出一种互相关爱的精神,这种互相尊敬的行为会得到支持,促进学生的学习和成功。"

为了支持这个项目,杜耶斯的 PBIS 团队找来 90 家商业赞助,令人印象深刻。"我们的团队已经知道,如果学生知道如何才是正确的行为和有责任的行为,整个社会都将受益。"

你对学生有一个"伟大的期待"吗？

尼尔斯是堪萨斯水印学校的校长，他对"伟大的期待"项目赞不绝口。"虽然这个项目经过了我们精心的研究，并结合我们学校的情况修改了每个框架的细节，"尼尔斯说，"'伟大的期待'项目提供了多种实习，研究结果基于很多的细节——如晨会等。"

发展于俄卡哈曼，老师们从各地来到"伟大的期待"项目的夏季训练学院，他们根据各自学校的情况选出一些班级，把这些班级的案例带到夏季的培训班上。另外，他们还有白天的和周末的迷你工作坊，有各种各样的主题，尼尔斯也很高兴地在教育电视中，介绍他们是如何做的。

"我很高兴地推荐'伟大的期待'项目，如果你不想纸上谈兵就看这个项目，"尼尔斯说，"该项目提供了一种教育方式，把从学校中继承的好的东西写出来，使它们逐渐变成好学校。"

"这个项目帮助学生减少了纪律方面的麻烦，同时也引起了家长的关注。"尼尔斯补充说。

关爱行为会带来好处

在俄卡哈曼的杜乐萨，圣诞学校的教师们对于他们自己的一个项目赞不绝口。"我们2001年开始做这个项目，因为我们需要学生做得更好，"维韦尔校长说，"我们曾经只关注到一小部分学生的良好行为，这些行为在学校里已经大量存在，但为什么没有带来我期望的学校气氛呢。"

作家布朗写了一篇关于如何打造第一流学校的文章，他还写过很多本关于孩子的书，并且创造了可爱的土豚形象。他的智慧点燃了维韦尔的思路，维韦尔创造了一个 KOOK – 2B – KIND 项目。

"我把布朗的一些建议变为实践，补充了一些自己的新的想法，"维韦尔说，"在此基础上，我们补充了一个组织，专门收集学校中的爱心活动，把学生的艺术作品挂在高速公路两旁，甚至印在 T 恤上，放在餐厅作为悬挂物。

我们开始这个项目有些日子了,在休息时还玩这个项目的游戏。"

"关爱行为在我们学校中时有发生,现在,我们对这些行为进行了支持,我们创造了关爱浪潮,这可以帮助学生发扬优良品质,对于不同类型的事件都有效果。就像我所形容的,用关爱踢除恶霸!"

2013 年,维韦尔和他的团队记录了 1 216 件关爱的行为。"每个行为我们都记录了下来,包括发生的时间。至于如何认识别的学生的积极行为,"维韦尔补充道,"学生们要填一张表,表明是什么人做的,效果如何,家长也需要在上面签字。这对于学生的过去很重要,它可以让这个项目成功,以证明学生的潜力是无限的。"

维韦尔同意把他对于这个项目的想法展示出来。"这个项目的关键词是关爱,"他说,"我们把关爱的价值挖掘出来,每个人都可以这样去做。"

"也许以前家长听到的都是谁又有麻烦了,但现在他们听到的是发生了多少件好事。"

"也许很多人会觉得这很残忍,但这让世界知道其实学校里还是充满关爱的。"维韦尔说。

谁说项目必须有多种好处

这个名为"抓住根本"的项目由连锁餐厅进行赞助,可以在这家快餐厅周围的学校中免费使用。

亚拉巴马州的维斯小学曾经感受到这个项目的好处,它是众多受益学校中的一所。"一个特殊的典型教育每月都要展示,"这个学校的校长特里说,"这些年的话题是主动权、尊敬、独特性、和平、纪律性、关爱、勇气、兴奋和忍耐。"

每个教师都会受到本年度项目教师的指引,每个学生每月都会收到一个书签和一张折叠好的卡片,卡片上印有这个月的分数。

该项目分为 4 个部分:定义分数(第一周),评估分数(第二周),鼓励分数(第三周),决定分数(第四周)。

师生每周都可以对该项目进行补充,项目也包括与该价值相关的名人名言,以及可以在晨会上宣读的通知。在每周的不同的班级中,轮流说他们是如何做这个项目的。

"老师们喜欢这个项目,因为这把他们从没有创造性的日复一日的工作中解放出来,而且这个项目既好又短。"斯托克斯解释说:"孩子们喜欢这个项目,因为每月都会得到折叠的卡片。"

阅读项目显示结果

另一个斯托克斯正在使用的项目并不是免费的,但他却觉得物有所值。他指的是萨新项目,它曾经在二年级中使用,斯托克斯盛赞这个项目。

"我们使用额外的描述信息来作为阅读的基础,"斯托克斯说,"对于阅读有困难的学生来讲,该项目提供了系统和结构化的知识,对于没有这方面问题的学生,该项目帮助他们更上一层楼。"

有些补充材料可以在小组中交互使用。

"我们从这个项目中看到了动态的结果。"斯托克斯说。

在杜被中学,校长约芙和她的同行从另一个阅读项目中受益很多,而这个项目今年将被介绍,这就是斯克拉斯克的"阅读180"项目。它使用优秀的软件,将学生感兴趣的内容进行整理。玛格丽特校长说,她已经看到了周围社区中的学校的阅读水平大有提高。

约芙说:"这个项目还将作为交互工具,首先介绍给最需要的40~60名学生。这些学生可以通过该项目提高阅读水平,这也会影响他们的考试分数。"

提高考试分数:面临挑战

佛罗里达的橡树叶中学拥有1 900名学生。保持分数的提升对于很多学生而言是个巨大的挑战,这就是为什么戴维斯校长和他的伙伴们要采用联想学习模式工具的原因,这个项目与每个州的统考关联密切。

"我们一年使用4次这个项目，"戴维斯说，"这个工具能够让我们看到学生在学习中存在什么困难，不要等到考试完了后才知道。"

这是联想项目在橡树叶中学使用的头一年，而其他的一些学校早已经在用了，戴维斯和他的教师们每个月都要经历水平考试，这样才能够从项目中提取数据。

"我们去年是 A 类学校，但分数的提升还有很大的困难，我们需要像联想这样的工具给我们提供一年完整的数据。"

关乎教师，不关乎项目

在这篇文章中，谈得较多的是项目本身，可能校长不会同意。

"我不认为任何项目本身能够解决多大的问题，"弗吉尼亚州的橡树小学校长豪斯说，"是项目后面的教师和教学促使成功。"

"我相信绝大多数的抱怨来自对这些所谓的研究项目所需的时间和金钱、训练等，这些项目的基础确实需要补充材料、购买能力及对教学的建议。"

校长谈公关的重要性

在社会中,我们面对的问题如此之多,学校不能独善其身,而且还要与社区其他成员、机构做到双赢。

除了学生从社区中获得明显的益处,学校也要与公众多联系。70%的成年人对于公立学校的发展方向有一定的发言权,并且,他们比以前更加善用这个权利,这就是为什么董事们或者校长们要把学校的新闻赶紧传播到社区去,让人们知道和相信,学校的发展对于学校和社区来讲都是好事。

与家长、社区服务机构、商家和一般的公众建立良好的伙伴关系是很伟大的一件事。与对学校有兴趣的组织建立伙伴关系,持续地发展伙伴关系,不管关系会扩展到怎样,这都是十分重要的。

与家长的联系

事实证明:家长的介入可以增强学生的收获,改善学生的行为,减少缺席率,特别是父亲的介入可以提高阅读和词汇能力。另外,研究表明,家长与孩子一块儿阅读确实有实效。

很多学校的校长鼓励学生与家长一起分享当天在学校所学的内容,有时校长也建议家长问一问孩子在学校学习的情况,他们的交谈并不一定很详细,但他们应该聚焦在学习的一些主要概念上。如果你相信——正如绝大多数教师所做的那样——教别人让你理解得更多,学生教一教他们的父母,他们对概念的理解也会深入得多。

某位父亲就经常问他 14 岁的女儿在数学课上学了什么,她讲了详细的内容后,他让她解释其中的某些概念。出乎他的意料,她做得很好。

与公众和私人机构接触

走出校门与校外机构打交道的校长会发现,这样做对自己的学校有好处。医院,年轻人发展中心,以及和别的教育机构的联合,可以让学校和机构双赢。介绍学习项目,与各种社区机构打交道会带来很大的好处,高一级的学校领导与下一级的学校领导经常打交道,这样也有利于学生学习的衔接。

与社区和商业机构打交道,这需要花费不少的时间和努力,但结果令人满意。这些合作伙伴关系给学生提供了成长的机会,也建立了终身学习的理念。

也需要商业

商业也有很多路径进入学校,这是没有标志的,这当中有互动的成分。

有些学校的校长与商业中的关键人物关系很好,曾经动用他们的会员身份,把社区的商业领袖邀请到学校来,参观一天,让他们知道学校的情况,后来他们都成为学校的强有力的支持者。

作者当校长时,经常把学校的校报发给周围的商业机构。一天,当作者在一家房地产公司分发校报时,与老板交谈,问她是否愿意参加他们的改造委员会,如果她能参加的话,对他们的帮助很大。她介绍作者与几个同学校工作关系密切的商业伙伴交谈,有些人给学生们捐助了好多设备。

你不知道何时能够与他们签订那么多的有关学校的合同,这过程既简单又复杂。对顾客的服务应该就在附近,并且能够直达人心。

山姆曾有一条规则,让每个商品都必须与顾客不超过 10 米,另外,如果有人问路,服务员就要把顾客带过去,并在路上与他小声交谈。在最近去附近的沃尔玛商场时,作者发现商家仍然这样做。那么你认为在你的学校中是否给客人发出了欢迎的信息呢?

　　"如果你想拥有一所成功的学校,父母和社区必须知道你在关注他们、评价他们,把他们每个人都当成伙伴。"这对我很受用。

校长谈教师个性

我们访问了一些校长,问什么样的教师对他们影响最大,使他们成为今天这样的人。

我们希望听到各种各样的回答,到底什么样的情况让人更加吃惊呢?我们的校长有多种多样的故事,如以前的教师对他们有很高的期待,能做到课程联系实际,这样的结果也就越来越清楚了。

与学生的关系是十分重要的,在一个关键词,新的3R中——严厉、贴心和关系——最值得回忆的教师是肯花时间与学生们在一起的教师。

教师花时间与学生建立良好的关系比其他事都重要,因为学生非常在意这些,为此他们也会非常努力地学习,成为教师对他们期望的角色,以证明他们是值得教师关心的。

鼓励所有的学生

如今,约翰逊是欧文小学的校长,她二年级时在亨克斯女士的班上。

约翰逊至今记得亨克斯鼓励学生们对自己所在地区的动植物进行研究,她让他们学以致用,所以她对这个地区的动植物印象很深。绝大多数的学生画了图画,或者在杂志上找出图画,而她更进一步,她到森林里找来了树叶和种子,自己弄了一个剪贴簿,并分好类。

"她让我们觉得我们的作品可以放在任何一个画展或者博物馆中展出,"约翰逊校长回忆道,"我们互相取长补短,从那一刻起,我发现在学校做的每一件事情都充满乐趣,好像我可以完成一切任务。"

约翰逊在一所高中当领导时,学生们邀请了最能够鼓励自己的人来校,与他们一起共进毕业晚餐。约翰逊邀请了亨克斯女士。

现在,作为一名校长,约翰逊到自己学校的班级中转转时,她也在寻找亨克斯的影子,是她点燃了自己的学习激情,使自己成了一名校长。

"我在寻找那个人,她帮助我、鼓励我,并教会我如何表达自我,如何合作学习。"约翰逊说,"我在寻找关心所有的孩子、让每个孩子都成功的人,就像我的老师亨克斯那样。"

经常的称赞会有很高的期待

约翰逊记得她高中时的法语教师,她身体很瘦弱,但她的嗓门很大,她对学生的要求也很高。

"我转到了她的班,因为我原先的班对我来讲挑战性不够。"约翰逊说道:"在她的班中,没有什么学生敢做出格的事,原因很简单,这不允许。"

"我那一年为了她而努力学习,"约翰逊回忆道,"我学了很多知识,至今我还记得她所教的法国历史中的故事。"

"她能够让班上的每个学生都按她的艰苦学习的标准来学习,总有一天会成功的……最重要的是,她教会我要像一个大人一样有担当,不管我在妈妈眼里或者朋友眼里有多娇惯,最重要的是对于所学科目的爱。"

而这一切又被她的数学教师所打破。

"我们是1969年第一批学微积分的女校,"约翰逊说,"一个男教师从一个当地的男生预科学校过来,他第一天碰到我们,他说他只给'A＋''A''A－'三个等级。你可以想象这会有多美好,但是我仍然从来没有达到优秀的水平,学得那么苦,只不过得了个A。"

"说实话,他不是一个特别优秀的教师,也缺乏热情,然而,他却能够鼓舞我们去学习。他能够让班里的每个人都花最大的努力去学会也许别人认为女孩子不适合学的知识，他给了我们很高的期待，让我们去努力。"

"我们都做到了。"约翰逊回忆道。

玩转所有的要素

乔校长希望他能够影响一些孩子，就像他四年级的教师拉库斯一样。

"有一次，我们班在当地的麦当劳过了一个高兴的夜晚。我们得了 A 的人都可以获得免费的夹肉饼，这本来是这个商家的奖励，而拉库斯先生却把它变成了一个班集体的聚会。"

乔与拉库斯一直保持联系，最后，他们两个都在一个学区工作。现在，拉库斯已经退休了，而他们还经常见面。

"经历这些年的风风雨雨，我会朝着他跑过去，告诉他我有今天是因为有他，"乔说道，"我现在是伊利诺伊州的加福得小学的校长，我希望通过我自己的一些方式和经历，能够像他一样影响我的学生，这就圆满了。"

如果这个故事让你听后摇摇头，说一声"这世界真小"，你应该坐下来好好地听一听玛格丽特和她的教师罗宾逊的故事。

一开始，罗宾逊只是玛格丽特五年级的数学老师，而后来，他成为她的高中的校长助理，然后成为校长、同伴，直到最后，不可或缺。

"罗宾逊先生总是想让我的头脑中都是些数学的东西，"玛格丽特说，"我不是一个坏学生，但我可能是一个过分社会化的人，我喜欢做完事情后就讲话，这当然是不允许的，我还吃口香糖，他不喜欢。因为这些，我不得不经常做复杂的数学运算。"

"这就是为什么直到今天，我还能做很难的数学题的原因。"

"他的规矩没变，我的行为也没有变……因此我不得不同他多次交谈。"

从那以后，玛格丽特学会了一些新的技巧，像滑冰什么的，这又给他们提供了一些新的话题。在玛格丽特高年级时，罗宾逊成为校长，他甚至给一所大学写了推荐信。

"他尊重我的能力，他只是不喜欢我的习惯而已。"玛格丽特说。

在大学时,罗宾逊先生邀请玛格丽特来学校试教。"他总是告诉我,总有一天我会变成一名教师,"玛格丽特说,"我总是笑着说,不会的。"

但罗宾逊却言中了。

"最终我成为一名教师,不管信也罢不信也罢,他雇了我,我从他身上和其他教师身上学到不少。"

罗宾逊退休了,但这并不是他们最后一次交集。

"我在学校教学时,有时候需要一名教师来顶班,我让罗宾逊来,他真的来了。"玛格丽特说,"现在我们俩是搭档了。"

"罗宾逊先生也许是对我影响最大的人,因为他从来没有改变过目标,"玛格丽特说,"他总是非常尊敬我,当然我成为校长并不是靠他,但他却让我成为一名教师。我真诚地感谢他,因为他的指引和对我的信任。"

看上去,到这儿就该结束了(你是不是认为罗宾逊有 80 岁来着?),为了让结果有所不同,当玛格丽特成为校长后,她雇佣罗宾逊在她的学校做教师。

"这真是画了一个圆圈啊——从他的学生到他的老板,"玛格丽特补充道,"我们从来不知道生活将告诉我们如何走人生的路。"

监管导致不同

在凯斯成为校长之前,她的校长是古德森。一开始他们学校只有 250 名学生,不久,他们就移到一间有 1 200 名学生的学校去了,这在当时的学区中是最大的。

若干年后,古德森鼓励她成为学校的管理者之一。

"他感到我具备某些成功的教育管理者的素质,"凯斯说,"我并没有多想就直接去做了,也同我的家人商量过了,大家都很支持。"

过了几年,凯斯及家人为了拿到管理者证书,付出了不少牺牲,古德森校长一直支持和鼓励她。

不久凯斯就成了校长助理,在校长的周围辅助他。

而古德森校长并没有停止鼓励凯斯,他让她回到学校读博士学位。

"我已经在管理者的位置上十年了,这个工作很有挑战性,我也很喜欢这份工作。"现在,凯斯已经是一所小学的校长了。

"我从古德森校长那儿得到了很多的鼓励,这让我进步很大",她说,"很感谢他对我的信任。"

关系很重要

当海根在高中读书时,他有一个老师,同时教着十年级的地理,十一年级的化学,十二年级的物理。

"在教师们开始谈论严厉、中肯及关系这些词汇时,玛丽亚已经样样都体验过了。"海根说,"她能够让课程中的不同之处显示出来,并使用生活中的例子来加以说明。"

"当然这并不是说她的课就不严厉了。"海根说道,"玛丽亚相信一句古老的格言——'种瓜得瓜,种豆得豆',想通过考试没有什么好的路径可走,晚上一定要完成好作业,否则可有好受的。"

"当其他学生在抱怨作业太多、要求太严时,我们却通过了考试,我们不仅掌握了材料,而且更重要的是,我们可以举一反三。每个人都知道,她关心着我们,所以我们也关心着她。"

大学毕业后,海根在杜邦公司工作,而他仍然经常将母校挂在嘴边。

"好像她仍然在教我一样,"海根说,"我在私立学校教学时,就移用了她的模式,生活方式也是如此,严肃认真、一丝不苟。关系是最重要的,她不仅教会我们学习,而且教会我们做人。"

校长谈危机公关

你有自己的安排吗？

没有人能够预测什么时候或者什么地方将要发生灾难或者惨案，所以校长要有对付可能出现的风险的方案，因为"如果你没有计划，那你就在失败的路上"。

绝大多数的州要求学校领导发展危机管理计划，这些计划要简明扼要，连续性好、易于指导，对于危机涉及的面也要广一些，应该包括沟通方案、教师、学生、家长、紧急服务部门以及社会各界。它应该是一年一度的方案，至少一年更新一次。

这个方案应该包括学校应急小组的人员名单或者委员会组成，包括现今在岗的人员，以及对这些成员的期待，必须明确这个团队的成员责任。

不是这个领导小组中的成员或者委员会成员的人，也应该知道自己的职责，一年至少要在全校教职工大会上讨论两次这个方案，虽然危机并不一定真的会发生。最近校长把就要毕业的学生从教室中叫出来，他问他们危机来了怎么办，奇怪的是，有的学生并不知道学校的方案，这个方案他们并没有讨论过，同时，有些教师不愿意成为危机团队的一员。

计划的可行性是关键

危机方案应该总是连续一致的，包括重要的备忘，用一种简单的格式写出来并且要突出重点。

这个方案应该按照日期的先后采用三栏目装订，易于修改。当新的程序加进来时，或者成员发生变化时，可以很方便地更换。

危机过后，把经验总结出来是十分必要的。另外，为了更新危机方案，应该进行计划的评估，对成员的表现要有评价。有任何新的变化，这个计划都要更新。

控制危机和媒体

一个十分重要的元素是沟通，与媒体的沟通计划是危机计划中最重要的一部分。

尽管没有一个计划能够涵盖所有的情况，但如果学校有预案，情况会好得多。把各方的力量集合起来，准备应对危机，学校就仍然是个安全的地方，对于孩子和成人来讲，都是一样的。

绝大多数的学校领导都知道与媒体的关系是何等的重要。当危机发生时，一个校长如果想让媒体公正地报道这件事，就看以前学校是否公正地对待媒体了。校长应该给媒体一份正式的稿件，让他们正确地看待事件，聚焦反应。校长应与媒体保持良好关系。

校长谈为什么要经常去教室巡视

"校长去教室巡视的好处是显而易见的。"柏茨说。她是一名作家,曾经是一所小学的校长,印地安纳州立大学的助理教授。"而大多数的管理者和文学教师却认识不到这点的重要性。"

"这是一个很简单的概念,影响却巨大,"柏茨说,"我要告诉所有的管理者,在教室中出现,你就有一种优先权。"

从教师处学习

"很多教师并不认为校长是课程的领导,"柏茨说,"并不是所有的校长都对这个角色有认同感,只有让他们知道这个角色的价值,他们才会相信。"

"校长要做好管理者的工作,但他们却没有太多的时间,因为他们总想在教室中建立一种正面的积极的气氛。"柏茨说。

柏茨的观点来自她自身的一项研究,她拿出自己在 2007 年学校课程发展论坛上的一篇论文。

"有些校长和老师害怕他们不知道太多的课程内容而当不了这方面的领导,"柏茨说,"但他们不知道,比当一个教育的领导者更重要的是,他们应该知道学生的学习状态是怎样的。如果校长不知道教师如何教,学生如何学,他们在用些什么资源的话,他们需要坐在教室里,认真地切身体会一下。"

很多校长也从他们的教师处学习。

"校长应该理解评估的工具——唯一的办法是实践和体验,"柏茨这样说，"他们应该成为学习者的模范。"这包括出席专业的工作坊，同老师一道，去学习他们正在学习的内容。

一旦校长熟悉了课程设置和评估之后，他们就可以参与教室中的工作了。"他们需要知道如何才能够做好，他们需要知道教师的力量，也需要知道更多学生个体内容。因此学生不仅是在校长门前晃一下的面孔而已，他们应该告诉学生周期性的工作，然后他们可以与教师进行谈话，与学生谈话，给他们传递出清楚的信息。"

为了确信去教室巡视是积极的和有创意的，校长应该让教师清楚自己并不是去评论他们的。"在员工会议上告诉大家，知道在教室中伟大的教学是什么。"她建议道，"然后告诉他们你将到教室中去，而你并不是在那儿机械地评估他们，你是在那儿观察教学。"

柏茨鼓励教师去吸收某些教程。"同班级讲话，观察，在那儿可以学到更多的教育方法。走过教室，观察，在那儿可以学到更多的教学内容，而不是去评估。"

要被人看见，以正面积极的形象出现

在开始非正式的访问之前，柏茨建议校长和教师在学校中建立一个正面的形象分享他们成功的经验，这样人们会感到舒服一些。

"你不得不打造确信的元素，不管你是否是教师或者校长，"她说，"如果你没有建立起那样的氛围，就不能进行对话，你也不能成长；如果你不能谈论它，成长则是很慢而且很痛苦的。"

"然后就是很艰难的开始，"柏茨说，因为她知道这种类型的访问对于某些管理者来说是很困难的，"很多校长很不舒服这样做，他们不想知道为什么他们得去教室，尽管他们什么也不用准备就可以直接进教室。"

一个好的步骤是站在教室门口两三分钟，倾听、观察、微笑。"你想让你的学校成为一个学习的好地方，你就得这样。"

柏茨说，校长可以通过与教师谈话来表达自己的想法。

分享好消息，这很重要

在柏茨的校长生涯里，她经常带着一个计划走进教室观察，把教师正在领读的书的名字写下来，然后在周五的教工大会上提到这些书。她也随时带着便条，以便可以很快地写下感悟，并把它粘在教师的办公桌上。

一周的校报也是一个很好的在教室里了解信息的途径，管理者也把他们自己的观察心得放在上面。这些是规则，是正面的，并且富有教育意义。

"他们应该是船长——他们应该让教师知道这对他们很重要，"柏茨说，"校长们可以找到数千个不在教室的理由，但是校长如果对教育感兴趣，到教室巡视将是一个令人兴奋的改变。"

校长谈学校的改革

已经过度劳累的管理者们继续试着改善学生的行为,更多的学校领导在寻找新的方法和策略使学校繁荣。

很多人都指出学校改革必须专业化,有时是无利润的基金,它们提供基础、辅导和网络机会,来帮助管理者见证学生的进步。

但是这些努力并不是管理者寻求的每天都能够发生的快速的作用,基金的合伙人持续了 10 年之久,专门用来研究阅读和数学课程的反馈。

"在学校改良方面的研究表明你需要长期的努力,哪怕是一点点的改良。"这是学校改良联系中心的总干事阿德鲁的说法。

加强领导与合作关系

有些基金会的目标是成功的基础,这是一个很多学区都反复强调的,而且更多地关心城郊的学校。在所有的案例中,辅导员让它对于管理者来讲更加清晰,让其更广泛传播,长期变化,包括在课程、专业发展、领导策略,以及社区联系等方面,对于学生的成就和改善都是必不可少的。

"应该让商业领袖、校长和教师更加会领导。"劳拉,教育领导中心的公共主任这样说。这是位于华盛顿大学的一个研究中心,该研究中心与大城市、郊区或者城乡接合部的学校进行沟通。"我们知道,如果领导者对于领导的认识作用更上一层楼,这样的作用是巨大的,如果改变并不系统,摩擦并不是想象的那么大。"

攀那斯纳克基金的助理主任汤普森说,他的基金会与学区的伙伴关系已经长达10年之久了,现在的基金会与8个社区是伙伴关系。"我们希望打破种族和贫困之间的壁垒,让每一个学生都能学术化和社会化,"汤普森说,"系统水平的改变是需要一些步骤的。"

依靠基金会,参加的社区能够获得辅导的时间、现金、教育资源,以及网络渠道来和别的管理者和教育工作者进行沟通。在这个案例中,学区中的伙伴每年一起研讨2次,互相学习。

这种联系中心的参加者5年来与一个学区的几个领域保持了联系,包括领导策略的发展,校长、家长等水平的提高等。中心提供公共政策和个人问题方面的资源,如雇佣人员方面或者返聘教师方面的信息。学区是改革的中心,而长期的合伙关系则直接改善了学生的行为。"联系中心的负责人说。

"学校已经发生了很多的变化,"拉查曼说,"但没有太大的改变,我们不想有太多的案例,甚至一个都不想,我们热切盼望的国际水准,就是学区想要达到的。"

参与者在行动

一个社区热切盼望的帮助就是来自斯坦福的学校联系系统,这是斯坦福大学第一年与这些基金会合作,这被人们期望能够有五年期的合作。

"这是在成就方面的一部分期望目标,而这已经为所有学生取得优秀成绩提供保证了,"斯坦福的超级研究员,斯塔尔博士这样说,"我们需要确信每个孩子都需要接受高质量的教育,我们在寻找教育改革的系统的教程,辅导员帮助我们发展我们自己的模式,这有利于改革教育。"

这个学区面对的另一个挑战是缺少核心的课程,斯塔尔说:"每个学校都有一套自己的系统,对此进行改良需要与教师联合会共同研究,也需要与学校董事会、家长等方面合作。"

基金会委派了两个人与斯坦福合作进行研究,一个两人的研究团队每月都要访问这个学区,与管理者谈话,斯坦福的超级辅导员也会有机会每月与两个基金会的专家一道工作。

"这个关系比别的学区要紧密得多,"拉查曼说,"部分的目标是看一看我们是否在改变其他州的情况。"督导人员也在监管和评估着州的其他地方进行的改革。

这个机构每月有 8 天的时间用来帮助斯坦福的专家们,如辅导员的工作与学校董事会,协助超级辅导员以及教师工会的工作等。

"这含有很多的约定,"斯塔尔说,"我们在建立一个共同的模式,他们不得不学会与我们一对一地搞好工作。"

首先,你在哪里?

"作为学区的伙伴,基金会的成员经常通过统计数据或者提问来进行研究,当联系中心的工作与学区共同进行时,辅导员调查管理者是否在收集数据,寻找数据的规律,并且回顾一下它们是否已经获得了改良。我们收集数据并试着理解障碍所在,试着去发展一个计划来激励学生去获得好成绩。"拉查曼说。

"我们做了很多组织的发展工作,"拉查曼继续说,"如果我们更有效地建立组织,这会增加学生的所得。我们通过发展系统和程序来改善各种学科。"

"松下基金会拥有 14 个超级辅导员,他们的做法大同小异,每月专家走访学区,举行会议,建立框架。"汤普森说道。

"他们研究数据,说出你所不知道的东西,搞清楚成功的要素。"拉昂斯简单地说了一下她的专家小组的工作状况。

"我们对于文学和数学很重视,"拉昂斯说,她是一名前任校长,"人们看得很明白——他们在寻找一个工作的公式,而它在所有的工作中确实起着领导的作用。为了持续地发生作用,你需要让人们理解一个强大有效的教育应该是怎样的。"

这个中心也提供一套超级督导员使用的领导程序,26 个超级督导员每月在一个学校聚会一次,并且每个督导员都列出一份想在这所学校调查的学情清单,如组织结构、数据使用、如何在一间教室中整合多个教师的力量,以及特殊的文学教学方法等。

"这些超级督导员们所想的就是改良教师的教学实践,来决定下一步如何做,"拉查曼说,"两个从重访小组来的超级督导员看到了反馈的信息及这些行动经实践证明真的有效。"

进行比赛

学校的学区发展与基金会的伙伴关系以不同的方式发展着,联系中心有一套比赛的程序,要求管理者执行。"松下基金会也通过口头信息与学区坚定地联系在一起,"汤普森说,"学区的 7 000 名学生中至少有 30% 的学生获得了免费或减价的食物。"

学校管理经常学习教育领袖中心的教程,一般通过中心提供的工作坊或者研究班进行。中心改变了学区的服务功能,但也在寻找商业巨人进行资助。

拉昂斯说:"合作伙伴的合作期一般是 5 年,学区每年都会根据工作实践判断他们能否继续合作。"

随着管理者在如此多的方面进行改革,对于辅导员改革的要求也日益增加,汤普森校长指出,"我认为我们在朝着指导者指出的方向前进,寻找改革的辅助功能及提供直接的辅导。"

对斯坦福来讲,外界的帮助看上去是最好的方式。斯塔尔说:"没有伙伴关系,我们不会看到别的辅导员。我们总是需要学习,需要一些主动实践的人或者其他人的体验来帮助我们进行学习。"

校长协作带来新变化

以前,美国密尔沃基公立学校的校长们都在为资源和名誉而竞争,最近,他们却感到需要合作才能真正获胜,他们想:为什么我们不进行合作呢?

于是,他们成立了公立学校校长协作会,协作会提供的一系列支持不仅对每个学校有益,而且对整个学区也有益。

合作给专业带来好处

22 名校长代表学区的 17 000 名学生,他们的合作是取长补短的,并且每月都举行工作午餐。

弗里切特许学校的校长罗宾说:"我不想错过任何一次会议,除非我实在走不开,因为这是一个非常好的会议,有很多专业性的指导,而不是在一起互相抱怨。"

会议中,他们谈工作上的难点,而其他成员则会出一些主意,这可能会帮助他们。校长们还谈到学区的远景和当年的主题,如今年的主题是:提高每个儿童的阅读、写作和计算水平。

作为该协会的召集人,奥尼克说他的任务是把主题告诉给每位校长,并为会议提供便利。校长们会讨论这个问题的最佳做法,谈一谈自己学校是如何在这方面开展工作的,而专业的委员会则根据主题制订当年的工作坊任务。

该协会还定期举办特邀发言,每月安排一次周六的务虚会,暑假甚至要安排两天的务虚会。

"我们正在建立和保持积极的关系,"奥尼克说,"作为一个团队,我们不得不打破壁垒,我们还会互相帮助,只有这样我们才会更有活力和创造力。"

他们所设计的内容也是围绕校长们的需求而定,凯特兹校长说,她和其他一些新校长想知道如何进行学校的预算等方面的事情,于是在这方面搞了一个培训。"以前没有协作时,这些事情不可能一起来搞。"

不仅仅只是开会

尽管这些会议给了校长以较大的帮助,但他们感到互相的信任和鼓励更为难得。因为有了这样一个同行的支持网络,他们工作起来更有信心。

"校长不容易当。"罗伯特,斯科特中学的校长这样说道,"我在这个位置上,有时真不知道如何开展下一步的工作。但在这儿有大伙儿的资源,我可以获得帮助,这真是不错啊!"

"我们已经在本学区建立了一个某种程度上讲可以互相信任的校长协作组织,"奥尼克说,"我们还希望校长们能够互相批评,并要求深刻、尖锐。我们还有一份成员联系表,上面有各位校长的姓名、电话号码和特长,这会让经验不足的校长知道该找谁咨询,具有针对性。"

放大校长的呼声

协作还有一个好处,那就是可以向上级主管部门放大这些校长的声音,这是一个集体的声音。校长们每年碰3次面来核查他们的考核分数,如果有弄虚作假的,他们可以提出来,向上级反映,而不是听之任之。

合作产生变革

"这种协作的影响力已经扩展到了整个学区,并影响到一些决策。"一位校长如是说。他们推动了晋级标准,制订了教师的能力要求标准,还在学校中建立了一个领导团队。这是一个教师的核心组织,研究主题是课程、教法和学习方法,现在所有的学校都有了这样的组织。

2011 年,教育委员会要求学校把教育计划与其预算相匹配。小学和高中学校的校长对此也感兴趣,但是他们还没有一个正式的组织。

他们还打算利用退休校长的智力资源来进行培训。

关于课间打闹的争论

为了让学校成为更安全的地方,华盛顿、马萨诸塞州、南科罗尼亚,以及其他一些地方的学校都在体育馆上建了一些标志物,提醒大家注意运动安全。专家说这个方法对班级和游戏场上的监管有效,这样可以在减少运动损伤方面起到非常重要的作用。学校难道要限制孩子们的体育活动时间,或者仅仅在他们的空余时间才能够在学校玩吗? 除了这些传统的追逐游戏,还有些什么别的更好的项目呢?

"过去8年我一直都在学院小学教书,我能够回忆起来追逐游戏是一个小把戏,而我们不允许学生在计划外的时间去玩这种追逐游戏。"卡尔纳解释道:"我们告诉我们的学生和家长,包括不同年龄阶段的孩子,他们需要在玩耍的时候有人监管,这并不是要对孩子说能做什么,不能做什么,而是提醒孩子们不能互相拉扯、互相推搡,以免出现伤害。"

为了确保孩子的安全,堪萨斯的维查塔学校的体育场就设有不准追逐打闹的游戏场,当然,管理下的可以打闹的体育场还是有的。

"在体育课上,我们偶尔也教学生各种不同的打闹游戏,"兼物理教育课程教师和体育教师两职于一身的斯坦则尔说,"因为在这些规则下学习的学生只占 $1/25 \sim 1/22$,这是一个合适的监管方式。"

班上的教师也会允许这种追逐游戏在休息时进行,如果学生处于足够大的空间或者合适的监管下,斯坦则尔觉得这种游戏其实对于孩子来讲也是非常有趣的,也是让孩子精力充沛的一种好的活动。

"绝大多数的学区都有这方面的政策,包括师生比例等,这些比例一般要比在教室中的师生比大得多，"斯坦则尔说，"在休息的时候，学生们被允许参加自由活动，在同一个操场上有不同年级的学生，安全是最大的问题。"

追逐打闹并不总是坏事

绝大多数的教育工作者都同意安全是最重要的，学校之所以禁止追逐打闹是为了保护学生和减少伤害，但这会导致一个潜在的逻辑行动——学生是否被过度关心了？"技巧、运动、游戏、跳舞、练习等都对孩子有益，只要被合适地监管，就能保证安全。"美国体育教育协会的主席，波茨·查纳尔这样说。

波茨·查纳尔建议道："允许追逐打闹游戏在学校进行，有两个最重要的条件：保证减少那些游戏；对一些重要的技巧的训练，如跑、追击、逃、避、跳等，这些只能在体育课时才能够做。"

"追逐游戏并不总是不好的，"波茨·查纳尔表示，"像任何合适的学习活动一样，教师应该修改规则，选择合适的范围和设备，确保学生是安全的。老师应该强调追逐打闹游戏可以发展自我，培养学生的参与意识，公平进行游戏，并且讲究合作。"

美国体育协会把游戏（包括有时间限定和没有时间限定）区别开来，它并不同意不分青红皂白地取消，组织者承认减少这些活动或者这类活动的缺少是导致美国少年肥胖的原因之一。

"每天鼓励孩子最少花60分钟来参加一些精力充沛的活动，这是很重要的。"汉斯·查纳尔校长说："减少这些剧烈运动，会减少孩子的运动技巧，有想法的教师会很好地设计体育课，让孩子多锻炼。"

另外，追逐打闹游戏要求发展运动技巧，这是美国体育教育协会要求在体育课中要上的内容，而且在运动过程中，通过游戏、跳舞和练习，孩子们可以把这些技巧带到成人阶段。"如果这些关键的运动技巧和追逐技巧在体育课中被正确地教导过，这就不会在休息时不能让他们去玩。"波茨·查纳尔坚信这点。

"我们想让孩子们把他们在体育课上所学的知识融会贯通，在空闲时间也能够运用,如课前和课后,在周末和假期时,也可以做做。"波茨·查纳尔补充说,"任何的运动技巧都如此,比如跳绳、练习、跳舞等活动。"

美国国家体育协会还建议学生在休闲时进行体育锻炼活动,不能光在体育课上锻炼。在学校时,几个体育教师要管理那么多的学生,负担较重,因此最后只能把追逐打闹这样的活动取消了。

"不合适的规则,规则没有说清限定,监管不力,狭小的空间和器材不足,都会使孩子们没有运动的机会。"波茨·查纳尔观察道:"这造成了一个简单的结果:因为潜在的法律纠纷,学校遵行美国禁止在休息时追逐打闹的规定。"

追击和避闪中的精神放松

"我很怀疑那些学校的管理者,他们禁止学生追逐打闹其实是言不由衷的,"罗纳德说,他是密歇根大学的教育学教授。"虽然我们面临着美国的孩子肥胖传染热,但是我们不能够把孩子想同同伴玩的天性扼杀。对于很多孩子来说,到操场上活动活动是他们一天仅有的活动时间。"

"安静地坐在一棵大树底下与同伴聊天,并不能增强孩子的心脏健康水平。"罗纳德说,"在声讨追逐打闹的声浪中,家长们不相信小学生能够安全地与同伴玩耍。"

"追逐打闹让孩子们从压力中得到放松,精力充沛,增加了他们的锻炼。"罗纳德说,"这是我们这个地球上最古老的游戏,起源于最初的人类。这个游戏让孩子们有机会去投掷,分散着跑开、避闪。这些技巧对于成人来说也是很重要的,而且规则是那么的简单,它会让技巧不多的儿童也能够自由地参加。"

罗纳德表示在绝大多数的游戏中,游戏者要高度集中精力也不容易。她指出,孩子们最流行的游戏是踢球、沙包、追逐打闹,这些游戏很适合下课后玩,因为他们不需要昂贵的设备。

"孩子们能够自行决定是否参加这些游戏。"罗纳德解释说,"对一个孩子游戏时的简单观察显示,孩子们与不同的玩伴玩,规则是经常变化的,就像孩子们所做的决定那样多变。成人把一些体育活动的规则定得太死,孩子们则不然。"

事实上,罗纳德认为,成人剥夺孩子游玩的权利,就是剥夺了他们一起合作和学习适应规则的机会,孩子们的游戏其实是充满自由和快乐的。

"学校需要重新考虑如何给学生一个释放压力的地方,让他们大声地吵闹,让他们与玩伴尽兴地玩。"罗纳德说,"这个游戏的地方应该放满了球、跳绳、飞盘,以及各种塑料的设备,可以满足孩子们跑啊跳啊的需要。孩子们需要跑出教室,在学校里搞些体育活动,这样对于学习才会更加有利。"

扩展教学好处多

兰西在马萨诸塞州的朱丝小学当校长时,她发现那是段黑暗的日子。

打着联邦政府不让一个孩子落伍计划的旗号,所有的选民都在剥夺学校的时间,要求学校更多地把时间放在阅读和数学的教学上,这样才能提高学生的考试分数。

"这使一个学校患上忧郁症,"兰西说,"但教师却对我说,他们希望学校能够全面发展。"

去年,兰西被选为十所学校的代表,参加了一个扩展学校计划的项目。在这个扩展项目中,学校增加了乐队、合唱队以及战争艺术等内容。

兰西说:"如果考试的分数改善了,整个学校的气氛都会有所不同。这也是人们所期待的。"

找时间

全美的学校(特别是这个被高度期待的,低收入人群中的)发现他们相比于获得的语文和数学成绩来讲,努力还远远不够,很多没有考试的科目上课的时间已经减少,包括社会学习、美术、音乐这类,有些就已经轮换过了,有些在下午下课后上一些选修课,但没有对每个学生都这样要求。

有些学区把学习的时间或者学期的时间做了调整——这对于学校来讲是个问题。

"现在的学校没有经过改变。"埃伦娜说,她是美国进步中心的教育分析员,一直致力于这项研究。

"我们在寻找扩展在校时间的方法,来刺激学校的成绩,并获得合适的年度进步的方法,"埃伦娜说,"多一点时间可以帮到学生,特别是对于非常贫困的学校来讲特别重要,如果你要把落后的学生水平提升上来,你需要更多的时间。"

"国家教育协会是全国最大的教师工会,在延长在校时间这个问题上没有发表官方的意见,而是见机行事。"卡普娜斯说,她是这个协会的一个政策分析员。"显然,减少课程后带来了一系列问题。但这可以让学校发展得更好,我想每个孩子应该有读所有科目的权利,如果教师花更多时间与学生在一起,这也是好的。只是一天的时间有限。"

卡普娜斯补充道,如果教师工作更长一些时间,他们的待遇也需要提高上来。"我想,平心而论,没有一个老师不想让孩子们学到所有的学科,但任何扩展时间的计划都需要报酬,这需要管理者与教师们一块儿工作来看一看如何达到该有的效果,这点很重要。"

扩展学习时间计划也体现了教会学校成功的原因,因为这些学校的一般教学时间更长,可以帮助低收入家庭的孩子和优秀学生更优秀,要研究一下教会学校在这方面的作为。

"我们在教会学校中观察,并看到了成功的案例,"马萨诸塞2020项目的主席和协作创始人查尔斯说,"教会学校,一般收入很好,他们可以支撑核心科目,并且能够保证学生其他的课程也得到很好的学习。"

马萨诸塞2020研究项目正调研一年中正常的学习时间之后还要多少时间才对学生真正合适,查尔斯说他和他的团队相信学校需要更多的时间,这并不是传统的感觉。"如果你提升标准,你的完善需要更多的时间,"查尔斯说,"如果你给孩子更多的学习时间,他就能够把基础打牢,也能很好地学习副科。"

这个组织的研究致力于补充的方式,包括在放学后和暑假中有什么作为,员工也与管理者一道工作,他们想重新设计学校的计划来创造更多的教育时间。

"开始,我们帮助扩展放学后的项目,如果这个项目可以帮到放学后15~20个学生的学习,为什么不拓展到所有的学生呢?"

按照专家的说法,补充学校时间和学年时间创造成功的关键是计划时间来扩展课程内容,而不是总在练习训练技巧。考虑到这个项目困扰着学校,应用者同意把一学期延长25%,这样才差不多够。他们还专门做了调查报告。

"我们想要看到他们是如何使用时间的,如果他们只是把课搞长点,我们并没有兴趣。"教育部门的主任海德说。

加州花了13亿来资助这个计划,现在,19个学校已经参与进来,包括库斯中学。

在库斯中学,扩展学期计划意味着学生们现在可以选修像无线电、法律、音乐、合唱、机器人、战争艺术等选修课,这些课可以在任何时段进行。老师们不得不面对选修课,并且他们也得用好这些时间。"除非你能够找到一些改变教育的方法,否则一切照旧。"兰西说。

"我们觉得增加时间对孩子来讲还是有积极意义的,"兰西补充道,"孩子们能花更多的时间来完成作业,也在关注学习。"

那些以前取得辉煌成绩的学校,还可以把为了集中力量搞语数的政策拿出来,包括艺术、音乐和别的学科都可以恢复。

"扩展时间计划可以增加课程内容,这是一个好办法。"兰西说。

它是如何操作的

随着计划的增加,有些地方还需要加把劲。"去年,我们在放学后增加了课程,而孩子们把这些增加的科目看成是另外的一部分。"

2011 年,库斯中学的课程从早上的 7:15 到下午的 3:30,选修课也进了学校的课程。"今年的目标就是让扩展前后的课程做到无缝连接。"兰西说道。

管理者提出一周要计划 10 个段落的安排,学生们很快调整状态以适应新的课程安排。"我们很惊喜地发现孩子们喜欢这样子,"兰西说,"他们被各种选修课所吸引,特别是科学课。"

在另外一方面,学区也建立起隔离的项目,并给有困惑的学校以指引。学区的公共学校的管理者创造了一个学校改造特区,3 年前,涵盖了 39 所学校,并调整了学习时间。

按照这个学区的管理者的说法,被选进的学校都是学业水平很低的,包括管理能力。

这个学区的学校,一周除了一天让学生早些放学以便安排教师的职业学习之外,放学时间比其他学校要迟一小时。这个教育项目也包括更丰富的活动,让学生有更多的工作体验。

而相关的个人的工作涉及学前班至二年级,因为如果学生的阅读和写作能力较差,三年级成绩靠后,学生在升上六年级和九年级时,都会有问题。

"基于我们的学习项目,学校每年都会重新审视和计划这个学期的具体时间,通过这种强有力的训练,学生的水平都得到了很大的提升。"学区发言人泰勒说,而加入学区联盟的学校在该州的标准考试中结成了联盟。

作为联盟的学校,爱迪生初中的校长吉恩博士说他们学校现在的排名在前两名,这是参加这个项目之后的事。

"我们特别强调阅读、语言艺术和数学,"泰勒这样说,"我们在提高学生的学习成绩方面取得了很大的成效。"

学生在校期间分成 4 个大的班级,按照 100 分钟一个模块分别进行教学。泰勒说:"我们做了很多促进学生学习的项目。"

爱迪生初中提供的是一个学业方面的案例,这意味着学生选择了四分之一个区域,如商业和财务、沟通和数字技巧、法律和公共服务,以及医药与健康,学生们毕业后准备去工作或者升上大学。

尽管如此,这个区域联合体还需要另增时间进行,并加以改进,对教师进行进一步的培训。

时间飞得太快

2011 年,一个类似的项目在宾夕法尼亚州的普特柏公共学校举行,学区管理者关闭了大约 30 所低效率的学校并把学生转移到别的学校。

于是当局在学习成绩最低的 8 所学校增加了学习时间,每天至少增加 45 分钟。

"因为我们有这么多新学生,我们考虑建一个新学校,"校长维语尼亚说。

这个学校增加了 1 小时的教育时间,现在学生待在学校的时间有 7 小时 25 分钟,从早晨 8 点到下午 3 点 25 分。

"但是时间过得太快,我都不怎么觉得增加了 1 小时。"阿诺德说。

增加的时间用来进行不同的教育,在午餐前 35 分钟,所有的学生分组,按照能力,由教师进行小组教育对学生进行优缺点分析。

学区的管理者、发言人普尔说:"这个项目包括高期待、结构性的路线,并且对于校长的责任感都有考量。我们考虑在更多的学校中增加教育时间。"

"时间是我们的敌人"

罗德岛宣布,所有的学校都需要扩大教育的时间。

在普茨茅斯中学,考虑到加州的高质量学校,每天增加半小时,一共是 7 小时。

"7 个小时比 6 个半小时要好,我喜欢这样,"约瑟菲校长说,"时间是我们的敌人。"

学校还增加了 15 分钟用于数学、阅读和写作的教学。

"扩展教学是一件好事,因为它促进了学生的专业发展,"约瑟菲说,"这也改善了教师的教学能力和合作能力。"

如何留住名师

对于那些郊区学校的教师来说,如果学生对他们的话爱理不理,他们会深感挫折。这样的事情太普遍了,这并不是说他们是不好的教师——他们只是需要不同的策略来达到学生和家长的要求罢了。

在教了几年书后,学区管理者要求坎柏利博士离开她所在城区的一所小学,调任到郊区一所很贫困的学校。坎柏利是被迫的,因为她在之前的学校是很成功的教师,而她正盼望着在下一学年创造新的辉煌呢。

在新学校的第一年困难重重,以至于坎柏利打算不教了。她似乎无法与学生及其家长建立合适的关系,校长总是不在学校,她从别的教师处也得不到任何的建议。

一年后,坎柏利认为,与其等学生与她建立起合适的关系,倒不如自己在这方面多做一些事情。"我希望这里的学生和家长能够像我所做的一样都有正确的反应,"坎柏利说,她现在是圣路易大学的教育学教授,"我的工作是把他们吸引到我这里来,而不是相反,我不得不提前行动——这并不是如我所想那样。"

这提出了如何管理和帮助一个新教师或者调任到一个新学校的教师所遇到的问题。"现在我打算把这个问题加进教师的预科学习中去,"坎柏利说,"我想帮助新老师,让他们明白如何在郊区学校取得成功。"

"我是否忘了如何教书了?"

坎柏利告诉后来的教师,管理和帮助新教师是何等重要。她的《全面评价教师,支持不断转校的教师》作为一篇论文在学校 2007 年的协助系统及课程发展论坛上发表。

长期指导和介入的优点在于校长的支持与对那些刚从教的教师的期待,这对于他们教学方面的进展很重要,特别是在郊区的学校。鼓励教师在一所新的学校中花时间打造与学生、家长的关系,与他们的沟通能够带来更大的成功。

坎柏利认为她最好的财产之一是她在与学生和家长相互配合方面的成就。当她在一所新学校开始工作时,她使用了很多以前用得不错的与学生和家长打交道的策略,去观察他们是否在努力学习。

"我问自己,'是不是过了一个夏天我不会教了?'"她说,"我被弄蒙了,我认为人人都是一样的,你对每个人也应该一样,但我像过去那样做却得不到同样的效果,孩子们并不真正与我联系。我认为他们并不真正与我交心,他们看上去不在乎。在过去,我太了解我的学生了,我可以找到把他们带到课程中去的方法。"

坎柏利所教的三年级的一部分学生正在为家庭的贫困和其他一些事情而困扰,这是学业之外的事情。"很多人还停留在一年级甚至以下的水平。"

她发现与家长的沟通同样困难。"在我以前的工作中,我并不需要让家长来做志愿者,或者来开会,或者回电话,我得到了很多的合作和帮助。"

坎柏利第一次责备了自己,然后她也责备了学生。最后,她认识到自己要做些调整,开始为下学期提前准备,在沟通方面多做打算。

"我以前可不必这样,"她说,"我每天花 5 ~ 10 分钟在这些活动上,让学生彼此了解并告诉他们如何做,我让他们知道什么对他们才是最重要的,并且让他们更多地写写自己。"

她也为家长计划着以学生为中心的事宜,如和家长一起带些茶点到学生的诗文欣赏会上，给家长介绍学生的活动。"我发现信息给得越多，家长来得越多，"坎柏利说，"我试着让他们带家庭成员来，这样会更有趣。不要只告诉家长他们的孩子如何如何，一旦我与家长们建立了关系，我就不愁他们不关心学校及孩子了。"

新教师得靠自己

坎柏利在堪萨斯州的别的学校帮助辅导刚开始工作一年的新教师，她发现这些学校往往一年后就流失了新教师，所以她决心以研究郊区学校中新教师的流失问题作为自己博士论文的研究方向。她与6个教师协同工作，分属不同的学校，在堪萨斯的奥斯汀采访了3个校长。

坎柏利深知，他们经常感到无助，想要放弃，这与她以前在那个郊区学校教书时的感觉相同。

坎柏利说她之所以能够战胜这种失望，是因为她有以前在别的学校工作的经历——而这些对于新教师来讲都不具备。

"当我决定下一年多与学生及家长打交道时，教学会走向正轨。"坎柏利说，"我有着完全不同的教学经历，我与孩子和家长的沟通更好了。"

"另外一个郊区学校中存在的问题是它们的新教师太多了，郊区学校往往在开学前才雇佣到教师，所以才有这么多新教师或者没有经验的教师。"坎柏利指出。

"郊区的学校一般也很大——这也许并不受欢迎，"她继续道，"你从别的教师或者管理者那儿得不到什么帮助——当然也无法从中心办公室得到什么，所以新教师发现他们并不成功，就走了。"

校长能够帮到什么

坎柏利表示，管理者与新教师缺少沟通，会使新教师产生挫折感。

"在校长想要新教师做的和新教师想要校长做的这两件事情中存在很多的误解。"坎柏利说，"校长总是想多到新教师的教室给他们压力，而很多的新教师却不想校长进去。他们只是想校长出现一下就可以了，因为他们不想校长不高兴。但我并不知道校长想要什么。"

斯查华兹是大城市某所学校的主任，也是郊区的学校建议的积极倡导者。

"校长应该在员工中建立起一种合作文化，"斯查华兹说，"一个强大的校长会支持教师并与他们沟通。对于校长来讲经常性的反馈是十分重要的。"

事实上，堪萨斯州的新教师都有导师，校长也许会认为有了导师就可以解决新教师的所有问题了。然而并非如此，校长到年底才知道，导师并不能解决所有问题。

有些校长也可能对新教师有不切实际的期待，把他们想象成成熟的教育工作者。"对于新教师来讲，从学生到教师，这是一个巨大的变化，"坎柏利说，"经验有时并不总起作用。"

让生活题更容易解

坎柏利给郊区学校的新教师的建议是：补充仔细策划过的辅导项目，鼓励校长与新教师多沟通，并且校长对所有的教师都有所期待。

作为大城市的学校委员会的委员，斯查华兹表示："我们鼓励高质量的辅导项目，具备强度、宽度和高质量的教育培训项目是留住这些教师的关键。"

否则，郊区还会继续流失年轻的天才教师。

如何培育学生的品德

美国学校很重视学生的德育,主要是从以下 10 个方面进行培养。

1. 培养良好的性格。良好品格或"道德智慧"由 7 种核心美德组成:同情、良心、自我控制、尊重、善良、宽容和公正。这些最终形成孩子的性格,对于孩子的将来非常重要,可以说建设道德智商是我们最大的希望。道德是第一位的,良好的品格是孩子们做人的第一步。

2. 教会学生如何思考和行动。在困难的时候,家长需要知道如何帮助他们的孩子学习,不仅在思想上,在行动上也应该采取行动。毕竟,社会真正衡量的是我们的行动到底如何,而不是单纯看我们的想法。道德智商说白了就是教授习惯,这样孩子们才会沿着正确的道路行走。

3. 道德水平并不是一成不变的。为了确保孩子们都有良好的品德,我们必须把其基本的原则把握好,如它的模式如何,如何去培育它、加强它。如果我们不这样做,就会导致一系列问题的产生,如学生会麻木不仁、不诚实、非礼、残酷、仇恨和不公正。因此我们必须慎而又慎。

4. 防止一些消极文化的影响。事实上,消极文化无处不在,保护我们的孩子完全不接触几乎是不可能的,这也就是为什么要进行德育的关键。遵从道义上的指南,坚持自己的选择,让孩子从内因和外因两方面建立良好品格。

5. 教会学生批判地对待生活的技能。这也是道德判断所需要的技能,以保护孩子们的道德生活,如解决冲突、知道对错、自我判断、控制愤怒、学习宽容、公正地进行谈判、沟通和尊重、合作、共享。这些技能在所有生活领域中都用得着,特别是在当今动荡的世界。

6. 培育良好的公民。要记住,衡量一个国家并不是完全看其国民生产总值,而是要看它的技术水平,看其军事力量,看其人民素质。道德判断是美德的基石,是良好的公民和负责任的生活的基础。

7. 拒绝诱惑。道德判断教给孩子们分辨美丑的能力,他们将不可避免地面对各种道德选择。如何正确地面对而不至走向误区,要通过指导来让他们明白,怎样选择才是对的。

8. 防止暴力倾向。在 26 个最富裕的国家中,美国的青年是有最严重的暴力倾向的。与此同时,学校还得继续利用金属探测器和雇佣警卫等方式,以“保护”自己的学生。最好的保护是强化他们的道德判断和教育他们 3 个核心美德,那就是:同理心、良心和自我控制。如果没有这些美德,孩子们可能成为定时炸弹。我们必须建立自己的道德标准:这是我们最好的办法。

9. 激发良好的行为。良好的道德会帮助我们的孩子成为互相关心、互相爱护、互相尊重的一代人。以上面 8 个美德为模板来塑造我们的孩子,指导他们的行动,并最终成为有良好行为规范的人。

10. 定下道德的范式。道德的增长是一个持续的进程,将贯穿我们孩子的一生,因此习惯和信仰的灌输就显得非常重要。我们的孩子现在所做的一切将成为道德基础,并将持续下去。这在很大程度上决定孩子们的道德命运,也是我们留给他们的最大的遗产。

如何组织员工会议

你是否像一个新闻发布会那样来组织员工会议呢？更多的校长应该把员工会议当成是一个解决问题的机会，当成是专业发展的会议，包括如何集中员工会议的议题。

很多管理者不得不面对一个事实：很多教师很害怕开会。

也许是因为传统的看法，员工会议一般是宣布新的通知和命令，或者只是定期地开，没有给员工一个表达自己所关心的内容或者参加专业发展或者政策方面的机会。

管理者认为员工会议不应该只是新闻发布会，而应该是把它当成一个收集教师的意见机会，不应该让教师在这个会上盘算着即将来临的约会。

教育专家夏利尔和约翰观察了很多的员工会议，在这期间，夏利尔收集了许多的活动案例，如与教师分享学校的好消息，用音乐给教师打气。基于一些想法，他们决定写一本名为《集中参会员工的精力》的书来推动会议的专业发展，现在他们就在一些论坛和培训班上对管理者讲授这些内容，帮助他们重新审视他们的员工会议，并打造道德灵魂。

"我想员工会议并没有得到很好的安排，"约翰说，"我们做了很多工作，这是一个对校长来说有挑战性的领域——有些校长在这方面经验不足，如果控制不好，效果就不佳。"

不要开成新闻讨论会

明尼苏达州的查布瓦中学,校长埃纳尔和她丈夫经过多年的思考,想出了一个策略。"我做校长已经 11 年了,这要写成书也不难,因为我整年都在思考这个问题,"埃纳尔说,"活动我都会事先安排好。"

"我们曾经强调在活动中加入思考、程序和庆祝的元素,"埃纳尔补充道,她以前是校长,现在在北弗吉尼亚的教育中心担任教育学教授,"我在一开始当校长时,就学会了不要照着念通知。一些做得不好的校长就是念得太多了,校长们总是在想这样的会机会难得,就要多一些通知什么的。"

埃纳尔使用员工会议来进行专业发展。"我没有做什么新闻发布,这些都可以用电邮解决,"她说,"我不想开一个会只是告诉他们现在在干些什么。"

倾听所有的声音

埃纳尔喜欢为会议准备主题——这样可以不离题万里。埃纳尔甚至还准备了人们进入会议室开会时的音乐,他们甚至同意头 10 分钟大家投票来决定开什么主题的会,这样他们会感到会议与自己密切相关。

在会议进行一会儿之后,有些人开始坐不住了。"当你第一次有这样的感受时,你可以事先告诉一些人你有好消息告诉大家,并确信其他一些人也有好消息,"埃纳尔建议道,"这就会很自然——人们开始分享好消息,分享他们同伴的喜讯,这可以帮助建立一个积极的文化氛围。"

埃纳尔使用过的话题很多,包括学术性的训练、辨识力的训练,使用数据的注意事项,她鼓励人们分享不同的策略并互动,既包括有效的也包括无效的。

教师们也被叫来给课程或者计划设计一些富有变化的内容,在某些情况下,埃纳尔介绍几个策略后,让员工从中推荐一些他们认为效果最好的可以进行选择的办法。

"另一个关乎教师的情况是,做出一个决定后,让他们扮演不同的角色,来检查一下效果。如,在学校的计划出台后,教师们可以分成小组,每个小组给一个角色——如家长、社区成员或者教师——围绕那个角色进行讨论。"埃纳尔说。

小组的教师可以给大家布置一些这些问题的子课题,让他们去探究,如选择一个学校的改善方案,然后让他们与别的组轮换,告诉他们自己的想法。

为了鼓励教师与平常不容易接触的人共同工作,埃纳尔使用一些不同花色的卡片,把它们混在一起然后发给员工们。他们在进入会议室时会拿到卡片,然后拿到同样花色的人组成小组。

迈小步

当你要改变会议的调子和会议的主题时,埃纳尔建议要小步走,不要变化得太快。

"有时校长面对争论也会有不满,"埃纳尔说,"把事情弄得简单一些,不要太复杂,不要做不好意思去做的事情。"

"最重要的事情是做你自己,"埃纳尔说,"不要在同一时间试着做所有的事情,但要试着尝试新东西。你应该成为员工会议上的一份子。"

校长要避免试着控制会议的方方面面。"在某些案例中,我们把教师分成小组来进行活动。"埃纳尔说。

当然,应该把员工会议与需要说明的事情联系起来,在某些学校,策略不好使,是因为管理者没有正确地把它联系好,如学校的改善计划。埃纳尔说:"我们试着让人们使用他们的想法,来帮助他们实现自己的愿望。"

在另外一些场合,如果策略失败了,校长应该试着搞一些娱乐性质的活动,但不要改变学校的文化。"你需要有趣的事情,也需要建立一些附着物。"

打造支持性的文化

埃纳尔建议要打造一种诚信文化，这样教师可以在公众面前自由地表达自己的观点。在埃纳尔当校长的第一年，她把每个教师都单独留下来，谈上30～40分钟的话。

"我开始了解他们，我问他们对学校目标有什么看法，"她说，"我们有时会在咖啡馆里见面，有时是在他们家里，有时在教室里。我可不想像传统的校长那样就在办公室里，地点真的很重要。"

管理者应该营造一个气氛，鼓励人们表达自己的观点。埃纳尔说："有时人们把想说的话一口气说出来，而你却认为，也许不要在这个场合说出来更好。你应该让员工会议不要跑题，而且也不要让怒火或者焦虑占主角。"

埃纳尔也打算让员工们互相认识，他想让员工们把自己的绝活拿出来让别人看一看。另一个破冰活动是让每个员工把自己的名字写在牌子上高举起来，让他们互相认识，并且让每个人举着牌子围绕一周，别人可以在上面加上他的优点什么的。

埃纳尔所经历的员工会议让她试着尝试不同的方式。"我曾经自己搞过不少的会议模式，而我想让更多的人参加。"

如何激励学生

有一个很有趣的发现：在中学阶段，有意义的个人活动可以帮助个人的成长。

这却并不容易实现。加利福尼亚州的维拉中学搞了一个两年之久的劝告项目，以帮助学生更加清醒地认识自我，成为幸福的人、有思想的人。

这间学校的两个管理者做了一个与学校课程协调发展的项目，名字叫"你能够教幸福吗?"。这种劝告项目主要针对七年级和八年级的学生。

建立正面的联系

维拉中学是一所小的天主教教会学校，也是一间女校。管理者认为让学生参加劝告活动是有益的，该校学生处主任迪奥罗给每个小组配备了一名教师当辅导员。

这个搞了五年的项目让学生分成小组，这样既与班级相关，也与一个大人联系起来。这所学校的辅导员队长玛丽亚说："我们想通过积极的哲学来树立学生的世界观。"

学生们在七年级时按照随机分组的方式，与同样方式选出的辅导员一待便是两年。管理者把来自同一所小学的学生安排在一起，这样他们便可以碰到熟悉的同学。每个小组有 11 ~ 12 个学生，每周放学时在一起搞一个 45 分钟的活动。

"我们感到活动的目标很重要，我们要进入孩子们的世界。"玛丽亚说。

想着幸福的感觉

这个项目为期两年,所以活动不要重复,每个教师提前一周得到一份活动的方案,所有活动的材料都按照小组分开。

第一年的活动内容主要是基于戴维所著的《幸福人生的 100 个小秘密》。七年级的内容包括:建立新的朋友关系,如何参加一个组织,接受你自己,分享你所拥有的一切,与别人分享他们对你是何等重要。

在其中的一项活动"如何建立新的朋友关系"中,学校给每个七年级的学生一张"探索"卡,与八年级的学生配对。七年级的孩子收到一份清单,让他们去探索学校的一切,如学校的位置、传统、期待,成功的个人规划以及资源等;八年级的辅导员帮助他们寻找答案并记住。接下来在吃午饭的时间内,辅导员会坐在七年级的学生身旁,再问一问他们相关问题,回答正确会给每个人奖励。

他们还搞了一个"美国偶像"的活动——呈现出一个场景,可以听一听音乐。

进一步,他们会让几个高二或者高三的学生来访,谈一谈他们在七年级时的幸福观,或者他们曾经拥有的关心和担心。

每个小组还制作了一个复活节上的怪物,优胜者还会获得神秘的礼物。

为了让学生们晚上睡得好,学校提供牛奶让他们放松。每个学生写下心得,也可以写诗或者愿望,学校将它们装订成册。

探索联系

八年级的课程基于爱德华所著的《联系:12 条打开你心结的方法,让生命更深刻、灵魂更深沉》。

这些活动包括如何在生命中有新的变化,"他们因目标而变"。

七年级的活动,主要是聚焦于如何认识自己,欣赏别人,爱护动物,与社会联系,思考未来。

学生们最喜欢的活动之一是拥抱——抱着小动物。这些小动物是由一家社会机构捐献的,很多是飓风过后无家可归,由社会机构收养的。狗和猫就睡在坚硬的地上,小小的毯子给了它们少许的温暖。每个学生在拥抱小动物,给小动物盖毯子后都写了一段短短的话。

当然,作为关爱动物这一主题,一个妇女带着她的三条腿的狗来看孩子们,她分享的是如何治疗小动物。

有几个孩子的父母也会被邀请来校,他们会谈谈自己的角色感受:他们每天做些什么,他们为什么选择现在做的工作,要做好他们的工作需要受到哪些方面的教育和做好哪些专业准备等。

八年级的课程是制作手镯。由于男孩子的加入,他们决定搞些不同的花样。女孩们分到了一些不同颜色的玻璃球,要求用它们设计出不同联结方式的手镯。学生们把所有的手镯连起来,看一看相互的关联会给生活带来什么样的色彩。

设置一个劝告的活动

他们还提供了一些如何开始的建议,包括不要害怕考试、放飞思想。"我们想不要设计得太严密,出一点小错也可以。"

管理者也要想到来自教师和学生的一些抵触情绪,教师方面可能包括"这是我该干的吗?""我以前没有被这样训练过"以及"我不想干这些事情",学生的抱怨可能包括"我们在劝告活动中无事可做""不知道在干些什么""我能参加另一组吗? ——他们有食物而且更有趣"。

维拉学校的管理者为这类活动建立了一些基本的规则,如禁止学生在活动中做家庭作业,在活动期间也不安排学校的考试等,学生们也不得随意串组。

学校的管理者曾经有过一个想法,就是在每次活动时提供盒饭,但没能实现,因为教师们不想让吃饭成为活动的主题。现在学校允许每个学生在过生日时带些东西和同伴一起分享。

一旦活动项目开始了,管理者要正面地评价这些内容。

管理者建议,在设计这些活动时要为教师们准备好材料。"教师们应该知道他们要干些什么及如何去干。"

前面提到的两位辅导员的领导也与新的教师分享,让他们知道如何开始,以及各组的动态,员工们也会在教职工会上分享各自的经验。

学校每年年底需要对这些项目的实效进行评估。学生的加入也非常重要。"我们把一年中开展的活动记录下来,让学生们自己写写有什么收获,让他们回答一些开放性的问题,来评估这些活动的效果,也可以提建议。"

这个学校开展的大多数活动是可以推广的。

"你应该把框架搭起来,将一些有趣的内容,或者你认为重要的内容放进去。"玛丽亚说。

晨会的模式

很多小学的班级每天以早晨的聚会开始,在这个会上把每天要上的课先预览一遍。现在越来越多的中学发现,这是一个很好的聚会,年级越高效果越好。中学的晨会可以涵盖沟通等方方面面的内容。

"我们有很多在课外表现一塌糊涂的学生,"萨尔斯先生说,"晨会有着不错的影响,可以帮助学生解决在学校中遇到的困难。"

在罗德岛的保罗学校,晨会经常按照低年级的程序开,当六年级至八年级的班级增加进来后,这时的晨会才按照中学的程序开。这是萨尔斯所听说的。晨会,也被称作"权威和尊敬的圈子",一般由打招呼、组织一个班级活动和通知等组成。

"晨会一般都在劝告人们做些什么,这有利于学生的交流。整个学校的工作日都是这样。"萨尔斯说,"这也是早晨第一件事,就是把行为规范说出来。"

一年下来,学生们更加富有责任感,萨尔斯高兴地看到这点变化。在春天,他所在的学校的劝告小组会自己开展活动,甚至很少有教师的指导。

"我想,作为中学教师,我们忙于学术内容和教学技巧,有时我们会觉得自己跟一般的成年人不一样,学生们会觉得我们被儿童化了,"他观察道,"对成年人来讲,光搞学问不行,实践非常重要。"

晨会分享尊敬

在明尼苏达的新城市学校,葛里佛所教的七年级和八年级班利用晨会来实践相互尊重、小组互评,同时倾听别人所说的内容。

"时间花得很值,"葛里佛说,"沟通带动了学习,这个年龄段的学生对同龄人的评价的关心程度超过了成年人对他们的评价。给他们空间,互相积极地评价一番,对于他们的学习有利。而相互的沟通还会带来挑战,使他们想要成为大家心目中的英雄。"

第二年,葛里佛被晨会的沟通力量所打动。这所小学的晨会带动了中学部的工作,这个年龄的学生需要社交和感情交流,而早晨的社会实践帮助学生一天的学习顺利进行,学生们也非常喜欢这段时间的互动。

"要获得更多的时间和注意力的话,移情是一个技巧。少年是感情化的,他们可以通过情感的交流而达到共融,"葛里佛说道,"我们的晨会有这样一些规则,包括使用我们学过的单词轮流叙述等方法来进行。"

对于葛里佛来讲,学生们在配对时的对话中使用专业术语的生动性和深刻性让他印象深刻,学生们也通过自发地组织和引导会议的过程来展示出不曾预料到的领导才能。

"即使是说得最少的孩子,后来也被感动,逐渐开口说话,并且与大家分享他的生活和他的观点。"葛里佛补充道。

晨会收获权威

在中学开展这项活动的教育者面对着一个巨大的挑战,就是把晨会的类型划分出来,看一看学生都能收获些什么。为了给这个年龄段的学生的晨会内容设计一个框架,我们把它定义为"权威和尊敬的圈子"(CPR)。

"这是一个非常重要的名字,以此来称呼晨会是因为它引导了一些行为不当的学生,"罗斯博士解释说,他是新城市学校的学生行为管理方面的领导,"教师们引导学生进入这个 CPR,谈话都是有一定的框架和程序的,这会打造沟通,也会开开玩笑,中午还有好吃的午餐等着。通过几次这样的晨会,学生中很少有不情愿一天待在一起 15～20 分钟的,事实上,他们期盼着开这样的会。"

全校一起开晨会的模式也是很容易的,每个教师在每个班上所使用的技巧,看一看哪样最管用,可以别具特色。晨会一般由打招呼、组织活动及为一天的学习预热等部分组成。一个很基本的优点是,全校的晨会可以把教师们集合起来,并分享成功的经验和成果,学生练习了社会技巧,并且每天都在加深友谊。

"教师们可以使用这种加强相互关系的方式来同学生打交道,增加学生的阅读量,强化合作意识,减少班级中的迟缓行为,增加学生的出勤率,增加学生的领导才能。"罗斯说道。

CPR 的核心是,在参加和引导会议时教师应该风趣幽默,因为他们的热情是可以传染的。

"也就是说,寻找学生的优点,"罗斯建议说,"每个学生都参加晨会,自己介绍自己,让学生实践实践再实践。"

晨会打造沟通

做得好的话,晨会可以加快学生的社会化,这对于学校的成功很重要。这样的会议也为学生们的相互关系打下了基础,学生们可以相信学校的成年人能够真的关心他们。

"中学需要可靠的结构来打造沟通、教学、社会技巧,为学生每天的学习做准备。"奥金组织的领导人琳达说:"这是一个非营利的组织,旨在关心学生的学习和社会化的进展。"

发展设计教程中相关的发展表明,"权威和尊敬"以及"活动加"(A＋)模式在一年中经常使用,至于内容和形式可以参照与学生水平相关的主题,最重要的是,学生们建立起一种竞争意识:在某些角度要像成人那样想问题了,重要的是与成人建立起配对学习的关系,当然也有趣一些。

　　A＋是从聚会中提取的一种模式,有时是在体育馆中进行的扩展活动,它反映着最后的成果。A＋允许一到两个小组共同组织活动,要体现出晨会中打造关系的一面,让学生感动,激发他们的思考等,当然要在安全和能够自我控制的前提下进行。

　　"另外,CPR 和 A＋模式都把年轻人的身心打开,也许可以用一点催眠术,"葛佛尔说,"一个学生写道,'这个圈子让我改善了学习,以前我的学习成绩是 C,现在是 A 和 B'。"

　　中学生关心的主题与小学生不同,因此在晨会上要开展的主题反映着他们的成熟:成人的需求,城市化的要求,为社会服务等。最大的不同是,中学生要求独立。

　　"孩子们要求自立的呼声,让他们有足够的兴趣参加晨会,我们借此引导他们,"葛佛尔说,"学生们说要利用好晨会,把学校生活安排得更好。"

在真实的世界面对面沟通

　　"我们难以想象,学校无法保证学生的安全和缺乏学生的信任将会变得怎样,学生在风险中如何学习呢? 学生们尝试一个新的方法时心里没有底;尝试一个新的事物却怕被嘲笑,或者怕丢面子,这该怎么办?"斯格特抛出这样的问题。

　　作为发展设计的引导者,斯格特是引导晨会发展方面的专家,他认为现在大家都热衷于看分数,社会技巧与关系是首先被清减的内容,现在孩子们的沟通不是真实的面对面,而是使用一些即时通信手段,电话、网络什么的。

　　"发展设计组织与其他组织一道,正在艰苦地工作着,他们要为那些需要打造情感沟通与实践的有安全需求的人们提供需要的工具与研究。"斯格特说。

　　中学不是唯一要求提供这些内容的地方,因为剧烈的变化带来了特殊的挑战,中学中也有很多被训练如何教小学和高中的教师,这些教师的观点也各不相同。

"学生们不怎么相信成年人说的话,而更多地相信他们同龄人的观点,基于这点,社会沟通模式应该对症下药,不能着急。"斯格特说。

"CPR 的特殊结构让教师找到一个方式,来切切实实地打造相互的沟通,在很多我们曾经工作的中学里,这种劝告的环节不再存在,因为教师没有足够的训练和工具,CPR 是一个让教师成功的手段。"

中学生喜欢有一定的小圈子,他们会在当中寻找新的同伴和体验。学校应该把安全和真实的社会信息告诉学生,而晨会是最好的选择。

"通过与中学生接触,可以发现很多东西。当学生们言不由衷时,有时是因为他们不得不这样说,"斯格特说道,"八年级的学生,由于 CPR 的要求,要寻找和接受与别人的关联。"

在中学形成社会化的过程,渐渐地让学生感到了安全,"真让人烦""我感到不安全"也许只是一个符号而已。

"教师不能因学生说什么而放弃,"斯格特说,"相反,教师应该思考'我知道他们所需并不是他们总挂在嘴边的,我要如何把 CPR 贯彻下去呢?'。"

科学展示课

当马里兰州的森特里小学校长建议在春季搞一个开放的教室来展示学生的作品时,这件事与以前安排的把学生的科技作品展示出来的活动联系到了一起,这个活动让教师们发现可以有多种途径来展示学生的收获。

"每个年级组织的队伍都列出了学生作品的清单,而美术教师则根据学生的才能展示内容,设计出一件形象化的艺术作品。"二年级教师凯瑞说道。

例如,音乐班级搞的是家居材料设备,这些东西可以在展示时让学生玩;物理班展示的则是如何通过障碍物;而艺术班的学生展示的是如何穿过墙。

"他们设计的音乐设备,能够在广播中产生一个新的频道,这让人记忆深刻——毕竟这是他们自己设计的。"柯柏说道。

在展示活动中,有许多的学生、家长以及相关人士出席。多年来,总是有成百上千的人来参加,学校也热情地接待他们。

"有些教师甚至带家属来参观,以表达他们的喜悦之情。"柯柏说:"有些家长的评价都非常积极,很多人被这些作品的质量所打动。"

一个不曾料想的结果是,孩子们递交的作品越来越多,作品包括戏剧、诗歌、滑板、PPT、印好的书、探索报告等。学生们在家里独立制作之前,教师都给予了引导,使每个孩子的努力都能得到展示。在一个小组中,一个当地的作家还朗读了他的作品,并签名售书。

科学展示及学生才能展示在这所小学已经进行了多年,当地的报纸也进行了报道,发布了很多照片。

中学生戏剧演出一席谈

"我们的中学开始演出自己的戏剧了，"韦纳说，"这变成了学校文化中的保留节目，它可以化解很多的分歧，这也是值得花很多时间去做的事情。"

每年，在加利福尼亚州的弗雷斯诺，一所八年级学校都要搞超过 4 000 名听众的音乐会，这种活动几乎要涉及学校附近的所有社区。韦纳作为一个视觉艺术家和导演，他已经搞了 13 场演出了。

戏剧演出的组织者们推荐了很多有价值的内容，55 名少年代表参与了进来，其中最少有 45 名学生。韦纳发现，即使是演一个最不起眼的角色都让孩子激动不已，而她还喜欢各式各样让听众如临现场的音乐。在这当中，选择合适的剧目也许是最正确和值得肯定的决定，韦纳相信这一点。

"对我来说，一个美妙的戏剧包括各种音乐人物，可以给学生安排许多角色，在观众看来有很多的资源可供选择，如空间、座位、灯光等。"她解释道："对选择的剧目有感觉很重要，如果我是一个出色的女孩，我也许会选择'木兰'，这对男孩子也很有吸引力。"

韦纳也会注意那些并不出名的剧目，她会避免与现今已有的作品做比较，她有时选择的范围很广，但她看这些作品不超过 2 次。

"一旦学生觉得值得付出，他们可以有多种方式来展现，"韦纳补充道："时间是一个很好的评判者。"

韦纲说："有一场戏的主角是一个聪明、好看的少天才年，这个角色的选择成了一个重要的任务，最后找到的孩子演出很出色，赢得了头彩。"

"我相信这些孩子的演出经历会让他们终身受益,经验允许他们反复使用其才能,"韦纳回忆道,"如今,有太多的孩子迷失了方向。"

孩子们上了高中甚至大学后仍然表现很好,韦纳认为这是中学的戏剧实验点燃了孩子们生活的第一课,这些故事让他们前进,鼓励他们获得成功。后来他们还会一次次地回来,甚至他们的孩子也在这儿继续进行戏剧演出。

"不要被你知道什么、不知道什么所限制,"韦纳建议道,"你做得越多,你的收获越多。我会在每场戏中试着增加些新内容,不管是不同的风格、不同的麦克风,还是不同的结构,总会有一点点发展延伸。"

你的学校文化是消极的
还是积极的?

"学校文化是一种规范的集合,包括价值观和信仰、礼仪和仪式、象征和故事。"美国威斯康星大学麦迪逊分校的教育学教授彼得森说:"它包括建立一种积极的学校文化的提示。"

学校文化是消极的还是积极的?

彼得森说:"拥有积极文化的学校,人们赞扬有成就的人,正面气氛浓厚,支持教师的专业发展,学生的学习责任感强;相反,如果是消极的学校文化,教师之间则会钩心斗角,教师不相信学生的能力能够获得成功,并普遍态度消极。"

在有积极的校园文化中的管理者和员工,会觉得他们有能力实现自己的抱负,而在消极的校园文化中,这种想法不可能实现。学校文化对员工的发展会产生深远的影响。"这会影响教师提高教学水平所花费的时间,激励教师参加研讨班等一系列活动。"

加纳多小学的案例

这所小学位于美国最穷的郡之一,但学生们却是一个充满活力的专业群体。"随着时间的推移,"彼得森说,"西格蒙德校长和他的同事开发出一种独特的专业文化,以支持员工和学生的学习。"

第一篇 教育教学智慧

在这篇文章中,彼得森描述了这样一种学校文化:它使工作人员、学生、校长和社区成员都成为学习者,所有的教师都接受了阅读培训,定期开展"课程的对话",讨论新想法,分享经验。

在加纳多学校,专业图书馆起了非常重要的作用。学校已积累了4 000本专业书籍和400个关于有效教学及其他专业问题的录像带。此外,学校每年都会为家长举办家长学院,提高育儿能力。

"员工们都感到有责任提高自己的技能和知识,以帮助学生提高学习效率。"彼得森总结道,"员工们经常会听到用新想法获得成功的故事,他们也期待与同伴分享成功的喜悦。一句话,在这种文化中,专业学习是有价值的。"

改造消极的学校文化

据彼得森说,学校也会有消极的文化存在,这些消极的文化包括:

- 缺乏明确的目的;
- 教育教学一成不变;
- 将没有进展的原因归咎于学生;
- 不鼓励合作;
- 员工中总是有敌对的关系。

"要反对这种消极的文化,首先,员工必须知道什么样的基本准则和文化价值是好的,然后,改变他们的状况,支持优良的文化。"彼得森补充道。

管理者如何做

"校长要会'阅读学校'。"彼得森建议说:"他们应该能够对员工说出这所学校的历史状况及原因,也应该明确两个问题:什么样的文化是积极的,应该得到加强?什么样的文化是消极的和有害的,应该改变?"

可以通过以下方法培育学校文化的积极方面,包括:

- 在员工会议和仪式上庆祝成功;

● 只要有机会就分享获得成功的故事；

● 使用清晰、明白的语言,对员工和学生的学习给一个促进专业发展的承诺。

如果管理人员和员工处在一个有力推动合作并以学习为荣的环境中,他们会减少学生的不良行为,创造一个蓬勃发展的教职员工和学生都喜欢的积极的学校文化。

让好学校变成伟大学校的步骤

好的学校可以是伟大的,学校管理人员和教师能够聚焦于好的做法,以教育的共同要素为指导,帮助学生学习。这是韦斯特伯格博士的观点。

前校长韦斯特伯格博士认为在他当校长的时候,一些学校被认为是好学校,只是因为这些学校的排名较为靠前而已。

韦斯特贝里在科罗拉多州的利特尔高中当了 20 年校长,虽然他去的时候这所学校就已经是好学校了,但韦斯特贝里希望它越来越好,他认为好学校应该是伟大的。

韦斯特贝里写了一本名为《成为一所伟大的高中:6 个策略和 1 个态度,便可带来不同》的书。

韦斯特贝里目前担任教学联盟的主席,主要是对高中改革提供现实的指导。2012 年,他接受了美国著名教育杂志《教育世界》的专访。

《教育世界》:是什么促使你写了这本书?

答:有两件事。首先,我认为有很多传统意义上的高中,其实可以进一步发展成为伟大的高中,这当中有些地方需要改进。这些好的学校一般是在州的考试中名列前茅,这些学生的成绩都非常棒,大学升学率高,社区支持度高。

我任职的郊区的高中情况也类似,我在那儿当了 20 年校长,也就是说,学生成绩好,可以预测到学校以后的生源也很好。而作为伟大的高中,对于普通的学生来讲,入学后也能取得非凡的成果,这才叫伟大的。

利特尔顿高中面临的挑战是继续确定并实施战略,发展具有文化特征的伟大学校,这并不是预测能解决问题的。

第二个促使我写这本书的原因是,我认识到并非高中的领导不知道学校需要改善,而是他们不知道如何着手改善。

这些校长和老师告诉我,他们不知如何进行学校改善,包括项目和倡议,他们每天都面临着成堆的问题。

他们自己问自己:"如何让我的学校不要掉队,要如何进行改革?"我的目标是建立一个模型,结合研究型战略,将其纳入一个统一的整体,提供指导保持连续性,努力改善学校。

基础较差导致表现差的现状需要进行特殊的改进,这是学校改革的关键。

这当中需要有几个方面的实践:消除一般性和补救性的套路;为学生提供支持,以满足大学和职业准备标准;了解教学策略;聚焦教师集体研究性教学实践;实施形成性评估和干预措施,获得更高的成就。这些战略和文化形成了学校改善的框架。

《教育世界》:你在书中谈到如何处理"课程的无政府状态",什么是无政府状态的课程?您的解决方案有哪些?

答:时间安排上,教师应进行定期的评估,或者考试打分,应有相应的指导,将学生的成绩划定标准,即每项工作都得有目标,并评估学生的表现。这是一个关键要素。

伟大的高中不仅让确定的目标和业绩标准切实可行,而且让学校提供的每个课程,不管是谁在教都能得到质量上的保证。

《教育世界》:您还建议取消高中的程式,这是为什么?

答:严格来说,我并不建议取消所有的东西,只有那些没有活力的、不适合21世纪的东西才应该被去除。在高中继续教育和就业教育之前,应多让学生掌握合法的大学预科在职业技术方面所跟踪到的信息。

这其实就是高中生仅有的两个出路。研究表明,那些既准备一般性大学的考试,又准备职业类高校考试的学生表现最佳。

《教育世界》:改变后的最大障碍是什么?与其他学校相比有什么特点?如何查看其排列和功能?

答:伟大的学校聚焦于教学的广度,这是许多高中并不关注的。老师的工作大部分时候是独立的,他们可以自行决定如何教,有时甚至自己决定他们教谁。高级教师只教高水平的课程,比如深入分析和最佳实践并不多见。

此外,大多数高中并没有在外语教学中实践国际通行的一种教学法,他们没有一个共同的教学语言,甚至这些教师和管理人员都不能谈论一些问题,即便这是学校文化所默认的。相反,在这些学校中,教学的差别很大程度上是一个学生得到相应的教学后表现出来的。学校没有教育上的聚焦点,没有协作的文化,没有一种教育的语言,这样的学校永远不是伟大的学校。

《教育世界》:校长应该如何做才可以通过简单的变化来启动改革?

答:校长应该首先问教师4个相关的问题:

1. 你的目标是什么?

2. 你的学生如何做?(形成评价性问题)

3. 你如何跟踪?

4. 如何帮助有困难的人?

这些问题往往有助于快速推动学校改善。

学校文化需要不断监测和发展,如果学生的行为失控,或者学校文化与教师相互隔离,这时只有改变课堂教学质量才能带来希望。除此之外,我建议校长首先应该把好教师的教学质量关,这可能在当前的环境中并不需要,但我发现,老师和学生往往只集中于学习活动,而大多数老师并不知道也不关心为什么学生要学习。

如果老师抱有坚定的信心,他就能够说服学生,把明确的教学目标有效地反馈给学生,并在"6+1"模式的战略基础上,建立一个明确的学习目标。

用最佳的教学策略以及有效的反馈来跟踪学生的进步,及时表扬,这能更加直观地看到改革的成效。

《教育世界》:争取员工支持的一些策略是什么?

答:没有理性,只凭热情投身教育工作是很难持久的,因为缺乏明确的和令人信服的理由让人这样做。这就需要工作人员的支持,广泛实施一些协调一致的举措,确定与学生的需求相一致。教师应该配合,提供必要的资源,包括时间和培训,这些都需要坚定地执行下去。

《教育世界》:你认为学校系统的运作方式和教师的改变是必要的吗?为什么呢?

答:是必要的。改革的力量是多方面的和强大的,技术、全球就业市场、学校的选择、学生的期望,以及我们的孩子在学习方面的进步等,各种因素的变化,都必然会促使学校和教师进行改革。

第二篇

教育科技智慧

　　翻转课堂、游戏进课堂、慕课,作为科技之国,美国的教育科技智慧值得我们学习。

不要为技术计划,要为学习计划

艾伦是一家教育技术咨询公司的创始人,在2013年波士顿的建设学习型社区会议上,他就批判性思维、全球通信、创造力做了发言。

学习所有的学习工具,这几乎是不可能而且非常耗时的任务,也可能不会使学习得到改进。我看到学校里的学生一人一台笔记本电脑,而教师在投影上讲着过去10年的老讲义,这可能被视为一个成功的技术运用的范例,但它没有什么新的工具,我们不应该期望它能产生什么不同的结果。即使面对同样的工作,也必须有更多的大规模的投资来引进新的工具。

不要以为我错了,工具当然是必不可少的,我们认为每个学生都需要一个数字装置,就像每一个学生曾经需要一支铅笔和一个笔记本。但是,正如一支更好的铅笔不会让学习得到改进,如果我们不重新定义教与学的方式,如果我们不问一下学习环境中设计的一些基本问题,我们的技术投资将被浪费。我们为什么宁愿把这些问题作为设计学习的问题,而不是技术问题呢?

我建议把技术总监改名为"学习设计主持人"这样的称号比较好。

"学习设计"是比技术更全面的方法。这就意味着我们需要做出更多的变化,相比于把工具放到学生和教师手中,我们需要重新考虑整个学习生态学。我们需要对作业设计、评估进行深入的谈话、控制,甚至对学具的设计、学校每天的时间表、图书馆的作用都要重新考虑。最重要的是,我们需要反思教育学,自主学习、在线学习同行的经验。

学习设计的一个最根本的变化就是将"我们需要什么技术?"变为了"我

们需要什么样的信息?""我们需要什么样的关系?"。"例如,在学习研究方面的最重要的理念是让学生的思维变得可视化。"(具体内容参见墨尔本大学的教育学教授哈蒂的著作。)

教师们如何知道他们的学生是怎样想、怎样思的,这是一个非常重要的问题。通过各种阅读工具,老师可以实时访问学生的作品汇集,学生设计的视频教程。让思想可见是一个学习设计团队的任务。

新的教学方法(如翻转课堂)创造了新的师生关系,减少了学生因不做家庭作业而受到的惩罚。由哈佛教授 Eric Mazur 发明的同侪教学法,证明了学生的学术成功对其他同学的影响有多大,这些过程远比技术本身要重要。因此,学习设计团队的另一个作用可以是学术委员会的功能。

我们必须确保每个学习者是在一个强大的无缝网络中工作,最重要的问题是关于学习的设计,而不是学习的工具。确保我们的教师和学生在正确的时间得到正确的信息,这比设备本身更重要。

最后,我谈了这么多的学习所有权的内容,我仍然相信学习设计是一个最重要的问题,现在有太多的科技投入在维持我们称之为"学校"的组织上了。研究表明,不学习比增加一些新的东西要困难得多。

最重要的一个学习设计的问题是:教师怎样才能抛弃在学习过程中的所有权的问题,例如,我们应教导学生要自己研究问题的答案,而不是依靠一个教师来回答他们的问题。我们可以与学生一道进行创造性学习,不管是谁,"拥有"学习对学习的提高有更大的帮助。

创建一个 WebQuest

——它比你想象的要容易

WebQuest 很可能是人们今天谈论最多的和广泛使用的基于 Web 的课堂活动。WebQuest 到底是什么？为什么它如此流行？如何在课堂中使用 WebQuest？本文就探讨这些问题。

根据 WebQuest 概念的鼻祖伯尼·道奇的定义，"WebQuest 是一种探究性活动，其中大部分给学习者使用的信息都是从网上得到的。WebQuest 让学习者的时间掌握得很好，注重运用信息而不是寻找它，并支持学习者分析、综合、思考和评价"。

为什么是 WebQuest？

制作了一系列优秀的 WebQuest 课件的肯顿说，WebQuest 利用建构主义的学习方式，是一个超级学习工具。"很多的研究项目，"肯顿说，"学生认为他们弄到纸上的信息和反馈不是为了别的目的，就是为弄一个分数而已。"

而 WebQuest 则给学生一个任务，让他们利用自己的想象力解决问题。学生必须用自己的创造性思维和解决问题的技能找到问题的解决方案。

"WebQuest 也在捕捉学生的想象力，让他们探索，引导他们使用各种有意义的、美好的方式。"肯顿补充说。他是加拿大一个资源型学习的学校的顾问。

"沟通、小组合作、问题解决、批判性和创造性思维能力正变成当今世界更为重要的技能,重要的并不是让学生死背预定的内容。"

"WebQuest 让学生去探索问题并自己找到答案,特别是有争议性的问题,如污染、赌博、废料处置等。相比于记忆,学生必须用有意义的方式处理信息,通过实践获得理想的结果。"

在肯顿看来,使教育计划适应学生的不同学习需要而调整,也是 WebQuest 的重要特征。

如何精心策划 WebQuest

宾夕法尼亚州中心小学的法鲁是一位资深的教师,最近她创建了自己的第一个 WebQuest,她认为 WebQuest 是一个令人兴奋的、有价值的教学工具。

"当然,有些人做的 WebQuest 会比别人的好。"法鲁说,"一个精心策划的 WebQuest,给学生以指导,具有创造性的灵活空间,帮助他们回答问题,对于项目的解决有积极意义。一个强大的 WebQuest 是专为学生独立工作,使教师成为学生知识的加油机,而不是知识的调停人。"

法鲁给打算在课堂上使用 WebQuest 的教师以如下的建议:"你要彻底检查一下你建的 WebQuest,以确保其中相关内容的协调性及各个环节的工作的准确性。当然,最好的 WebQuest 是与周围的知识紧密相关的,因为它是为你的课程和你的学生量身定做的。"

"如果你打算创建一个 WebQuest,"法鲁说,"可以通过一些现有的 WebQuest 的搜索,记下你喜欢什么,不喜欢什么,最重要的是要敢于创新!"

WebQuest 规则

使用 WebQuest 的教师反映,它可以促进高层次思维,培养学生解决问题的能力,并提供无缝整合到课程技术的途径。而且创建一个 WebQuest 也比你想象的要容易得多。许多网站都能提供 WebQuest 的使用方法,最有名的是伯尼·道奇的 6 条规则:

● 引导学生学习并捕捉他们的兴趣;

- 任务是介绍活动的最终产品；
- 过程说明了学生应该用什么样的策略来完成任务；
- 资源是学生网站要完成的任务；
- 评估测量活动的结果；
- 把活动总结起来，并鼓励学生反思其过程及结果。

WebQuest 从哪里开始？

在设计 WebQuest 之前，需要一个大纲来指导教师完成此过程，网络上有一些优秀的 WebQuest 模板，包括汤姆预先构思的 WebQuest，都挺不错的。

一旦你有一些模板参考了，这儿还有一些要点，它包括：

主题：你可能已经确定了一个主题，它与现在的事件相关，或者与课程的关联度不见得太密切。但如果你还在寻找主题，汤姆建议先思考"你在哪儿"这样一个问题。

你也可以探索一下一个名为"想法机器"的网站，它为人们提供主题。

任务：任务是 WebQuest 最重要的部分，一个任务分类提供了 11 个不同的类型，包括新闻、推理、说服和判断任务。如果你不能在 WebQuest 上找到，你在其他地方也找不到了。

在本环节中，你需要将学生承担的角色找出来，他们会跟着你来完成活动。这位专家成功的设计，不仅提供了设计的清单，而且也有一些可点击的"友好的建议"，让你来挑战。

文化资源：确定你的主题，可通过相关的词语列表，使用列表查找相关网站的网络资源，当你找到需要的资源后，创建一个当前的年度热点，他们能够吸引你的学生的学习兴趣。

评价：肯顿说："传统的评价方法不适用于 WebQuest，这是它的最佳手段，因为所有的学生并不学习相同的内容。要制订后续课程目标，让学生容易理解。"他还提供了一些评价学生的成功的 WebQuest 的标准。

从黑板到屏幕

——如何使用学校许可的社交网络

随着越来越多的学生、家长、教师和管理人员进入社交网络站点，网络教育和个人之间的线条变得越来越模糊。特别是他们进入 Facebook、Myspace、Twitter 及 YouTube 等社交网站，学校的通讯、招生营销等，教育和个人之间的联系正变得越来越模糊。

像 Facebook 和 Myspace 等社交网站允许用户创建个人网页，并在网上发布个人信息，他们的雇主、婚姻状况、朋友、爱好，以及照片和实时"状态"更新，这些消息显示在发布者的个人资料页。像 Twitter 这种网站允许用户发送和接收短信息最多 140 个字符的长度，这被称为"鸣叫"。越来越多的人每天都在使用社交网站。2010 年 9 月，Facebook 报告，它已有超过 500 万的活跃用户。50% 的人每天都更新博客，用户每月花费在网站上的时间总计超过 700 亿分钟。

学校使用社交网络并没有采取一刀切的做法，越来越多的学校利用网络的优势与家长和学生沟通，由学校提供有关课程、气象更新及与家长课堂有关的信息，以此提高学生的学习，形成学习的虚拟社区。

社交网络在学校：朋友还是敌人？

学校正在探索社交网络在教育需求方面的益处，希望通过清晰的指导来消除法律方面的困惑，因为学校认可的社会化网络的使用可能会对员工和学生造成骚扰,如违反保密协议和侵犯隐私等。社会化网络也可能是一个教育工作者的优秀工具,可以肯定它会做到这点,只要有效地进行指引。

在实际社会中,一个学校员工建立了一个名叫"窥密者"的论坛,会员们可以在上面发泄各种不满,这当然可以肯定此时并没有外面的眼睛在盯梢。

也有人在公司的论坛上说老板的坏话,经理知道后,让一名雇员告诉他论坛密码以获得该小组的访问权限进入其中,看完后他要求员工不要在上面乱批老板。这件事弄到了法庭上,陪审团发现,经理的行为违反了联邦法律,因为法律规定,禁止使用未经授权获得的密码。

由于网络中有一个"灰色"地带,因此管理人员和教员必须深思熟虑,当雇员或其他人滥用社交网络时,学校应采取法律措施保护自己。

学校需要一个明确的政策,确保社会新闻媒体仍然为教育工作者所依赖

学校为了适应主流社交网络站点,需要立即采取行动防止事故发生,并对维护网络安全做出积极的贡献。具体措施有:

1. 建立网络安全政策,对社交网络加以申明,不要对员工和学生造成任何骚扰。

2. 告诉员工使用相关信息的准则,告诉他们如何使用学校的 E-mail 地址或者单位名。

3. 定期提醒员工上网的一些风险,与学生打交道时尤其如此。培训员工,让他们明白哪些是可以公开的信息,哪些是学校的机密,不能随便公开。

4. 提醒所有员工,他们在网上不透露机密信息这是一种责任。

5. 执行政策并仔细调查,对员工的不当行为要进行纪律处分。

翻转课堂:试试这些免费资源

翻转课堂是一种教育的趋势,带来了很多的话题,但一些教育工作者制作或者搜集的视频都比较短,课堂上难以吸引学生的注意力。然而,有些免费的资源可以帮助教育工作者做更多。

教育网络资源网站举办的研讨会为广大师生提供了 ed. ted. com 网站的资源、可汗学院的免费资源和 Sophia. com 上面的翻转课堂资源。

不能每一节课都翻转,也许一周就翻转一二节课,而且下面的资源可以帮助教育工作者无须花费太多的时间就可以翻转课堂了。

翻转课堂的支持者认为,学生在家观看短视频,然后到校准备问题,有时完成视频中的问答,这些抓住了学生的注意力,上课便是合作学习,新课通过对话使学生受益。

一些批评者指出,不是所有的学生都会访问家庭网络或者使用电脑,最初许多父母很吃惊,他们的孩子回家没有传统的作业需要完成。

以下是对翻转课堂有兴趣的教育工作者可能关心的与免费资源相关的问题。

每个网站上的视频都可使用屏幕录像软件并且这些是由可汗学院开发的。

网站是由一个非营利的基金投资者提供的。

一旦你注册一个免费账户,可以访问该网站的所有视频和课程。

用户可以通过主题或者科目找到课程。

学生可以登录自己的账户，在页面的顶部点击他们的名字，然后单击"教练"选项，选择他们的教师。一旦他们选择了教练，教练便可以控制每个学生所看的内容。

一个学生可以有多个教练。

教练可以看到所有的学生活动和成果。

教练能够访问班级数据，数据显示有多少学生观看视频，哪些学生看了什么内容的视频。

可汗学院提供了一个教师工具包，解释了怎样实现可汗学院进入课程为学生提供资源。

教师有个人仪表板，学生有一个个人登录界面。

可汗学院提供了3种不同类型的板块：教程、播放列表和组。

教师可以使用内置的屏幕建制工具创建一个教程，加入短视频或添加幻灯片和PDF文件，选择介绍教程的主题，如果需要添加字幕，点击"创建"。

Sophia.com提供了一个如何创建测试教程的视频。

创建播放列表，教师可以创建一个有序的学生学习的教程表，学生可以使用这些结构化的课程，或创建自己的播放列表。单击"创建播放列表""拖放视频所需的顺序"，然后添加一个名称和说明。

对于教师和学生而言已经有很多可以播放的列表了。

"创建一个组"允许教师创建一个专用的教室或研究组。教师和学生（得到教师的允许）可以上传内容，与其他小组成员沟通。学生必须提交课程和项目。

用户可以创建不限数量的播放列表和组，创建完成后可以查看并通过仪表盘来组织。

Sophia.com通过"你是哪种类型的学习者？"这一问题来判断每个成员确定他是使用如视觉、听觉、语言、人机互动或者是应用学习者。

ed.ted.com网站提供创建一个翻转课堂的教程（如文字、音频、视频）。

教师可以在一系列主题中找到视频，或通过"最佳翻转"功能在ed.ted.

第二篇 教育科技智慧

com 的视频库中找到。

ed. ted. com 网站与 YouTube 上的作品同步,教师可以从 YouTube 上选择视频并将其融入课程中。

每个视频都有一个"深入挖掘"选项,为视频课程提供更多的资源。

教师可以使用附加在视频上的评估(有多个选择或简短的问答可用),也可以创建自己的。

教师借用视频教程和评估功能,对学生的学习效果进行测试。

翻转课堂的好处研究

课堂讲授法现在饱受批评、轻视,甚至讽刺。在美国,数以万计的观众都能背诵本·斯坦呼吁学生醒来的故事,让学生回忆他那死一般的提问("有吗? ……有人吗?"),而弗里斯演讲的嗡嗡声则不绝于耳。

课堂讲授法并不一定是坏的方法,它也可以有效地帮助学生获得新知识(海蒂,2008;施维尔德,库珀曼,2010)。讲授法的问题出在讲课的节奏上。对于一些学生来讲,教师给的信息太晚,他们早已知道,而其他学生可能难以迅速地获取这些信息,或者他们可能缺乏先验知识,需要理解其中的概念。在不管学生听没听懂的情况下,教师都会布置很多家庭作业,这对于不少学生来讲会感到挫折和困惑。"老师说的交叉乘积是什么意思啊?""如何在复合句中使用逗号?""什么叫拉弗曲线?"

一些教师已经把这个教学模型颠倒了,创建翻转或者颠倒的课堂,学生在家看录像,他们便可以从中知道讲了什么内容,或者教师第一次讲完后以前不太好意思问的问题,现在可以重复看以寻找答案。在线的讲座可以轻松地获得视觉表现,如交互式图形、视频、照片或重要的历史事件。

翻转课堂实践多,研究少

据翻转学习网站的统计(2012),其会员数量从 2011 年的 2 500 人上升到了 2012 年的 9 000 人。不过,没有理论证明这个听上去很合理的创新能够真正提高学习水平。

第二篇　教育科技智慧

121

时至今日,并没有任何真正的科学研究表明翻转课堂提高了教学的效率。不过,一些初步的科学数据表明,它在课堂上可能产生更大的效益。在一项调查中,453 名从事翻转课堂教学的教师中有 67% 报告说学生测试的分数提高了,对于高级班和有特殊需要的学生也是如此;80% 报告说翻转课堂改善了学生的态度;99% 的报告说下一学年还得搞翻转课堂实验(翻转学习网络,2012)。在密歇根州的克林顿代尔高中,其九年级学生的失败率从 44% 下降到了 13%,这是采用了翻转课堂后带来的变化(芬克尔,2012)。

研究的间接基础

缺乏确凿的科学证据并不意味着教师就不可以翻转他们的课堂。事实上,如果我们只看短短几十年的研究结果,便会发现没有什么新东西可言。在研究人员能够提供可靠的数据前,也许我们能够做的最好的事情就是去问:翻转课堂的原则反映了教与学的原则吗?

改善师生互动

翻转课堂的推动者鼓吹这种做法更好地促进了师生互动。例如,伯格曼和山姆(2012)指出,当教师不是站在教室前对学生喋喋不休时,他们可以在教室中走动并可以与学生谈心。如果教师采用翻转课堂这种形式,他们可能会更好地了解和满足学生的情感需要及学习需要。

研究给予这个互动以明确的支持。研究表明,教师能更好地认识和应对学生的社会和情感需要,至少是与教学内容同样的重要,特别是对于学困生更是如此(哈姆雷·皮安塔,2005)。

提供了实时反馈的机会

翻转课堂的支持者也认为增加了学生与教师的互动后让教师有更多的机会提供教学反馈。例如,一个小规模的试点研究由盖茨基金会所进行研究,学生通过可汗学院收到视频内容,然后得到教师一对一的支持,相比于传统课堂,该教师花了更多的时间进行一对一辅导,因此,他能够提供更多的反馈,并立即纠正学生的错误(格林伯格,梅德络克,斯蒂芬斯,2011)。

这样,反馈增加后,可以将学生的成绩提高76%,这是两项研究分析后得出的结果(海蒂,2008;比斯利,阿普索普,2010)。

学生参与度增加

翻转课堂的另一个好处是,"他们用今天的学生语言给学生授课"(伯格曼·山姆,2012)。这些学生习惯使用网络语言,习惯使用社会信息和互动媒体。也可能有另一个更深层的原因,那就是学生发现视频教学有强大的吸引力。关于大脑的研究告诉我们,任何新奇刺激都会在10分钟后趋于消失,因此,学习者对最后10分钟学习的新内容感兴趣。教师需要改变刺激,通过情绪变化,引导学生学习(麦地那,2008)。在线视频教学有一个好处,就是可以将教学内容分解成更吸引人的指导,10分钟一节,方便学生吸收。

自主节奏的学习

如前所述,在线讲座能够让学生自己掌控自己的学习进度,根据自身需要进行调节。翻转课堂可以让教师把一学期的课程都准备好,如果学生吸收得快,就可以加速学下去。约翰·哈蒂斯(2008)对800个研究案例进行了分析,这种加速学习最高可以提升学生88%的学习效率。

更多有意义的作业

翻转课堂的另一个好处是,改变了作业的性质,让学生在课堂上运用所学知识进行实践,当然是在教师的监督下(格林伯根,德洛克,斯蒂芬,2011;伯格曼,山姆,2012)。而目前的教学,经常出现无效作业,比斯利和阿普索普(2010)发现,教师在课堂上指导学生练习并纠正相应的错误,比他们在家里完成作业的影响大4倍。现在,教师很少有机会监控学生的实践。

翻转范式

直到现在,我们并没有确切的研究结果表明,翻转课堂能够直接提高学生的学习成绩,但缺乏证据不代表不能实践。事实上,我们有理由假设,如果这个研究是真正深思熟虑后进行的,那它就可以更好地提高学生的学习成绩。

翻转并不是指课堂的翻转,而是整个范例教学的翻转,从传统的教师作为知识的传授者,转向教师作为仔细观察学生学习的教练,确定他们的学习需求,并引导他们向更高层次学习。

翻转课堂的注意事项

翻转课堂并非没有挑战——最值得注意的是访问设备和互联网。

翻转课堂是学校改革的一个大趋势,越来越多的教师为了提高学生的参与度和学习成绩进行了尝试。

这个概念很简单:教师创建或者发现在线的短视频,解释某个课程或者某个概念,让学生先在家观看视频,然后第二天上课时,在上课时间准备完成家庭作业。

支持者说,翻转课堂是很有效的,因为学生在家里没有教师的帮助便可以完成作业,这样教师可以花更少的时间讲课并多给学生辅导。

在得克萨斯州 2013 年电脑教育协会上,得克萨斯州独立学区的高地公园中学教师格温说:"一开始时会很缓慢,即使是最专业的教育工作者在翻转过程中也有一些不适体验。教师的角色转变了,你是不被关注的对象了,对于一些人来说,很难适应,你成为一个站在一边的角色了。"

格温已经翻转了一些关于行星、诗歌和社会研究的课程,他使用如 Moodle 或者 Edmodo,采用如博客、家庭录像机,或者像 YouTube、可汗学院资源、Learn Zillion 等视频网站资源进行视频创作。

另一方面,翻转课堂也遇到了挑战,学生在家里可能无法访问互联网,或者没有工具。

一些学校的计算机实验室在上课前后可以为学生开放,或者在午餐时间为需要的学生服务。

伊利诺伊州的南伯温学校，低收入家庭的学生数量多，一对一设备比较少，因此，学校为学生提供了在上课时间可以接入网络的 iPad 或者笔记本电脑，学生们也可以选择把设备带回家。

学生在离开学校之前，可以通过一个名叫 ECHALK 的管理程序下载自己的翻转课程，教师上传视频到他们的 ECHALK 班级网页，让学生下载观看。同时，有一个组织专门帮助低收入家庭接上高速互联网，一个月只需 10 美元。

拉尔说，该地区的翻转课堂学习模式，自 2011 学年开始操作，而且符合学生和教师的需要。例如，年纪小的学生可能要修改方法，接受特殊教育的学生有时需要额外的视频或者其他引导，前面制作好的视频并不总是适合所有的学生。

其他的重要因素包括了以下内容：

●需要调查。发现或者创建翻转课堂所需的视频资源，如果学生不理解，教师也得在最后一刻改变他们的课程。

●弄清楚什么对学生有效。不同的学生要用不同的方法，让翻转成功有效。

●让学生在轨道上。拉尔说："如果你提供了资源，可能有一半的人都没有看。"要求学生完成一些小小的问题或者解决一些基于视频的问题可以评估出参与率。

●告诉家长。许多家长并没有意识到教育的发展趋势，这还有很长的路要走。

翻转课堂前的一些提问

在你进行翻转课堂前,你最好有一些提问。

整体的问题

面对面的课堂上最大的好处是什么?

什么样的课堂才是翻转得最完美的课堂呢?

你开始翻转课堂了,下一步是什么?

你愿意放弃在课堂上对学生的控制吗? 这对于许多喜欢控制学生的教师而言是一件可怕的事情。

如果你引入翻转课堂,现在你在班上就不讲什么内容了?

既然你现在在课堂上有更多的时间做高阶思维和解决问题,你需要额外的资源吗?

你会创造和发展你的视频到什么程度?

你会让整个班都翻转,还是只做一些课程的选择?

你怎样从书籍中、网络上学习更多的有关翻转的内容?

你有多少时间置身翻转教室中?

你的学生如何访问你的视频? 如果他们没有办法上网怎么办?

如果你教了多个班,你首先从哪个班开始翻转教学?

你考虑过把一个翻转模型整个照搬过来吗?

关于视频创作的技术问题

你会用什么软件来制作视频？

你需要什么样的更好的硬件(如麦克风)？

你在哪里发布视频？YouTube？

班级提问

你如何监控学生观看的视频？

你如何给他们观看视频打出分数？

你如何在视频课上建立起互动？（一个谷歌的表单？一个问题？还是其他的东西？）

如果学生不看你的视频该怎么办？

翻转课堂后如何评估你的课堂变化？

你将如何与管理者沟通？

你将如何与学生沟通？

你将如何与家长沟通？

关于翻转课堂的真相

翻转课堂就是在家看视频,然后在课堂上写作业,对吗?错!

仔细考虑该假设和这背后的简单描述,就会发现这是促进教师把教室定义为着手收集短新闻和文章的地方。一个专业的经验丰富的教师会完全依赖于用视频教学生?或者为了学生的成功把其他的教育工具胡乱地整合起来?

许多假设和误解围绕着翻转课堂的概念,本文将细细梳理一下。

假设:视频被当成家庭作业

虽然视频是翻转课堂的教师经常使用的一个手段,但它不是一个先决条件,也绝不意味着每天都是用视频当家庭作业,特定的学习工具(动手实验,教师组织的视频,补充文本,或者当前的新闻)都需要仔细评估并实施,以达成目标。

由此产生的误解:

1. 视频只是录制讲座

不错,翻转课堂上的短视频(通常是 8 ~ 12 分钟)可能是记录了一个讲座,但教师是利用视频作为一个媒介提出问题,产生对话,提供指示或者实验,给予学生帮助,并澄清误解。教师也鼓励学生创建视频促进学习。

2.作业是坏的,因此,翻转课堂也是坏的

翻转课堂是为学生创造一个学习环境,使他们能在翻转课堂上完成任务。这需要改变班级(或学校)的结构,让学生在完成不同的学习任务的同时,让教室看起来更像"学习中心"。让学生在课堂上完成学校的任务,也反映了学校尊重学生的时间,让他们可以有丰富的校外生活,因为上课时间不再是由教师控制。在校时间的重点是看学生的进步,而不是看教师决定的事情。

3.学生必须在家里上网

如果教师指定一个简短的视频作为家庭作业,就必须保证学生们能够公平地获取视频。对于没有接入互联网的学生家庭,教师可以给学生闪存盘;给没有电脑但有影碟机的学生刻录盘;可以在上课前后提供额外的计算机。公平是非常重要的(法律上也是如此),让学生公平地获得教学工具并不是一个不可逾越的障碍。这个问题可以通过集中资源等方式得到解决。

假设:可汗学院是一个翻转课堂的旗舰模型

可汗学院的免费资源如此流行可能是由于萨尔的演讲,有大量相关的新闻报道,或者它有资金的支持。不管什么原因,可汗学院的翻转课堂成了媒体的焦点。媒体经常抓住新的闪光的思想,因此,视频学校受到了相当多的关注。可汗学院有许多强大的补充网站和视频内容,但真正把课堂创造好的,是学校里把学生教好的教师。

由此产生的误解:

1.学生在上课时间通过网络模块才可以进行学习

以计算机为基础的模块可以促进学习,一个翻转的课堂不完全依赖于任何一个单一的工具。学校本身的设备和技术,可以让学生在计算机的小隔间

完成学习模块,但并不是每一个教师都会利用翻转技术。事实上,机械化的在线模块并不是翻转课堂所必需的。

2. 一个翻转课堂结束了一刀切的教育历史

一个良好的翻转课堂可以帮助教师满足学生的个别需要,因为每个学生都有机会获得教师的一对一教学。虽然翻转课堂能够提高学生的分数,但更重要的是我们的学生能够告诉我们,他们"收获了知识"。

3. 教师角色的作用越来越少

事实上,教师的作用是放大了。教师和学生的关系翻转了,从而更好地满足每个学生的需要。如果一个教师只是监督学生使用计算机学习模块,理论上,一个教师可以监督几十个学生,而不是几百个。但角色颠倒的互动教学,在满足学生独特的学习需要的同时,还需要增加合格的充满爱心的专业的教育工作者,虽然视频可以用来提供直接的指导,但它不能代替教师成为学生学习的促进者。

假设:一个翻转的课堂中心总是围绕视频

教师有责任选出最能满足学生需求的工具。一些教师利用翻转技术来满足教学需要,也有其他教师认为视频并不能代表一切,不能优于其他,必须与整体学习环境和学习目标相一致。

由此产生的误解:

1. 所有的教室都使用"前置"教学工具

通过布鲁姆的教育理论,每个教育工作者可以采取一个教学方法:开始时是低阶思维和高阶思维,通常称为自下而上或自上而下的教学(前置)。如果教师使用教学视频作为一个自下而上的方法,用视频引导一个教学周期,并在不采用视频上课的课堂建立相应的学习活动。同时,许多教师还使用视频来推广应用技能评估(也被称为高阶思维能力)。自上而下的教学视频(或任何其他的资源),如发现探究式课堂或者基于问题的学习课堂,对于何时或者如何使用一个翻转的方法(包括视频)并没有一个一成不变的答案,只要它使用得当即可。

2. 翻转学习是一个独特的教学或者理论

翻转课堂是一种意识形态,不是一个方法。我们不认为这是一个"法"(一步一步规定得死死的),但不同的教师会有不同的取舍。自学能力好的学生可能自主安排,教师会少一点干预或者指导,而学困生则需要更多的一对一教学。教师需要采用不同的学习方法,以满足这两种类型的学生的个人学习风格。

结论:不要简单化

通用术语"翻转课堂"可能有点误导,但没有理由把它当作无用的教育模式,它是用来帮助教师满足个别学生的学习需求的。接受或者拒绝这项技术,或者使用其他的教育工具,都要仔细考虑从业人员是如何使用它的。不要被媒体炒作愚弄或者混淆,过分简单化地看待翻转课堂,这是错误的。

最后,翻转学习不仅仅是翻转"何时何地",这只是一部分,它是关于教师和学习者的注意力的翻转,它是消除大规模的直接指导以满足个人学习需要的翻转。利用教育工具提高学习效果,这才是它的本质。

团队努力的实现基于好的
技术选择

集体的智慧大于集体中的任何一个人。

——日本谚语

　　我恨我不够聪明,不过,关于技术的解构,最糟糕的是单方面的技术决定,第二糟糕的是只听教育方面的意见。

　　学校有很多决定要做,包括一些不太重要的任务。即使是技术决定,也是学区所要定期面对的。

　　该锁定什么样的网站? 能上 YouTube 吗?

　　密码要严格地限定吗?

　　在新的项目中,什么类型的计算机设备是最有用的?

　　购买宽带设备要花多少钱?

　　学区该不该淘汰其老化的学生信息系统?

　　我们该提供什么样的专业技术,它是如何支持其他职业发展目标的?

　　学校应不应该限制学生使用通信设备?

　　我们应该指望所有的学生学会什么样的技术技能? 我们应该怎样教这些技能?

未知领域

随着科技和教育的迅速改变,我们并没有大量的所谓最佳的实践案例可参考,技术并不总是适合单一的系统,单一的设备也并不适合多个用户。用户会尝试新的教学工具和技术,而标准则是由当地的学区所决定的。

管理者应该认识到,信息技术是一把双刃剑,所有的设备必须使教育更有效、更有潜力,但也可以说其方式是令人讨厌的、不道德的,甚至是破坏性的。数字数据可以使教学实践适应个别学生的需要,但未受保护的数据可能侵犯个人隐私。功能强大的多媒体资源可以帮助学生学习,但这种资源却又消耗了大量的网络宽带,减缓或停止其他的进程。

太多的学校还没有想出如何创造良好的政策和规则应对技术的使用,最坏的情况下,愚蠢的政策造成了无数战争,不是在警察与小偷之间,而是在教育者和专家之间,好像默认技术获得了胜利。

我并不是打压技术。我们有知识,这正是学校工作的技术关键。再加上我们对数据安全,对保护网络宽带负有责任。

然而,这些勤劳的技术人员往往不了解家长、教师、图书管理员或学生的目标和担忧,他们可能不明白为什么学生可以从家里访问在线资源很重要,他们可能不理解为什么图书管理员需要密码,他们可能不明白为什么要搞那么多苛刻和复杂的登录程序,浪费不少宝贵的教学时间。

更好的决策需要许多方面的配合

那么谁应该在学校或学区制订技术规范?

简单地说,教育者和技术专家有一个共同的目标:用务实的方法来完成技术决策。

首先,各学区要有技术咨询委员会,定期开会。该委员会应主要包括教育者(教师、图书管理员、管理者)、家长和学生,当然,也要包括技术人员的代表。

在我们的学区，建立了 20 年的技术咨询委员会已经有明确的职责：规划、决策、评估和预算监督。我们倾听每个人，尤其是学生的意见，因为他们通常在教育方面难以发出自己的声音。

我们的系统已经运作得很好了。我们的委员会决定，根据《儿童互联网保护法》，我们必须使用一个过滤器，但我们会让它在工作时尽量少误拦截信息。任何教育工作者都可以访问公开的资源。学生上网虽然没有过滤器，但需要成人的监控。技术人员现在知道自己也担不起这个责任。确保学生不访问不适当的网站，教会他们使用案例的网站，也是教师的教育责任。

目前，关于科技资源的正式使用及与技术人员的对话，也是至关重要的。技术人员也应该是学校领导团队的一部分，这样他们才能了解学校的目标和优先事项。一个技术代表应该熟悉课程、专业发展和战略规划。技术总监应定期与校长交流，在教室和图书馆中与学生交谈并学习。如果你不能经常在学校中看到技术的领导者，他们就不是合格的。

一个开放的对话关系、明确责任和优先事项是技术成功运用于学校的必不可少的因素。不是每个人都同意校长所有的决定，但对为什么这样决定至少都会有一个好的理解。教育方面的意见一定要考虑到其他人，尤其是我们所服务的孩子们。

教育技术成功的五要素

要素一：领导层必须提供积极的和坚定的支持，包括财务、后勤和精神上的

一个技术项目，只有当学校董事会、督学、校长承诺并实施时，才能取得成功，这种支持将花费一定的时间来培训，最好的领导必须努力提供并维持一个"适当的环境"（作为合乎教育成果的沃土）。教师也是领导班子的成员之一，应该同样致力于技术与教育的融合。

要素二：做好准备

每个人都会感受到技术带来的变化。最好的领导会建立一个环境，让预期的结果自发地实现。技术从来不是高高在上的，因此，教师必须对基于计算机技术带来的变革做好准备。

要素三：投资及培训一个有力的计算机教师队伍

计算机教师致力于利用计算机进行基础教学和研究，他们有机会获得足够高的专业水平。每所学校都应该有多位这样的教师，这不光取决于学校的规模，也取决于学校对计算机教育的重视和承诺。计算机教师应该履行下列职责和任务：

与其他教师配合，不管是作为个人还是作为团体，向他们介绍新系统，安排产品演示，并帮助他们解决在教学中出现的相关问题。

配合管理者工作，规划近期和长期的计算机教学策略，以教师为主，确保满足他们的要求。

与供应商合作，组织产品演示，确保产品交付工作有序进行。

好的教师是在与其他教师一同工作时了解他们的需要，计算机教师应该帮助同事学习电脑。

计算机教师是经过培训的，并有工作经验，因此，他们也可以帮助技术不熟练的教师。

要素四：认识到技术变化快，紧跟最新的技术极具挑战性

具有讽刺意味的是，在教师准备有关计算机方面的工作时，往往会比其他工作更花时间。这是因为技术对学习材料的准备提出了要求，其活动和经验是通过多媒体呈现的，要学会将课程中"发现式"的内容整合进技术。

要素五：所有教师都必须接受培训

教师应该是课堂中的领袖，他们必须要有足够的知识和技能，并为学生创造一个科学的学习环境。为此，所有教师都要接受培训，如高校的专职培训等。

技术让孩子和学校零距离

学生可以和其他州甚至其他国家的笔友进行交流,也可以从其他人身上学到新东西。现在,Skype 和其他技术的应用,能够帮助孩子们聊天,远在天边的人也可以近在眼前。

几年以前,其他国家、州或者社区经常被学生们做成模型,中国的万里长城也会被学生用黏土或者塑料做成模型,还有一些沙漠中的爬行动物。但是现在情况不同了,学生们不仅可以与同龄人交谈,还能与远在中国的学生进行合作。

"现在,孩子们可以同任何地方的人学习,知道外面的世界,了解技术。"佛罗里达州的松砂小学的幼儿园教师维拉说。

技术无处不在

维拉所在的幼儿园有 45 名幼儿每周四通过 Skype 与水草小学的学生聊天,作为这个项目的一部分,学习同一项目的学生会交流 20 分钟,然后找时间见面。

这两个班的学生使用媒体中心的资源,研究和分享他们喜爱的恐龙图纸,交流彼此的喜好。

维拉老师看到她班上一个学生用 Skype 与他在伊拉克服役的父亲交流,从中得到启发,她想继续扩大这个项目,扩大到与其他国家的学生进行聊天。

维拉说:"他们在屏幕上看到其他国家的孩子很兴奋。"

写作计划

大一些的学生也有机会使用 Skype 技术结交新朋友和提高他们的写作水平。水草小学四年级的学生参加了一个名为 Write Skype 方案的项目，这是一个合作计划，包括区内 10 所小学。学校的技术专家布兰登制订了一个计划，让学生能够与另一所学校的合作伙伴一起写作。

一个男孩子正在写一本小说，并通过 Skype 与他的好友合作，每月各写一章。由州统一评估学生的写作水平，就能减少教师单独评估的时间。这种方式真的对孩子有益，可以让他们与同龄组的其他孩子共享协作。

国际聊天

奥克斯特德小学决定跨越地区，让三年级的学生与瑞典和中国的孩子交谈，作为其全球伙伴计划的一部分。

这种联系对于学区的教育官员十分有益，通过与中国和瑞典同行的接触，他们经常进行有关教育问题的谈话。而瑞典和中国的教育人士也说非常愿意与美国同行接触。

该方案的主旨是"用技术让孩子与来自其他文化区域的伙伴建立联系"。副校长甘满森说。

奥克斯特德小学三到六年级的学生使用 Moodle 和 Skype 与瑞典和中国的五年级的孩子进行交流，这是可以进行的，因为瑞典和中国的学生和教师都能够说一些英语。

"我们希望学生能多用一些技术，最好是用不同的技术。"甘满森说。

与中国的合作

奥克斯特德小学与瑞典斯德哥尔摩的瓦萨小学的合作有一些问题，他们没有在网上见到与其合作的瑞典的六年级学生，但他们依然对瑞典的文化和生活方式进行了了解。

至于与中国的联系,学生们第一年是比较文化,建立关系,第二年就正式开始项目合作了。奥克斯特德的学生有时会很早到校,与中国的学生交谈,而中国的时间却是晚上 8 点。

中国的合作学校是深圳的育才二小,这是一所寄宿制学校。"这多少有点让美国的孩子吃惊。"

他们还分享了中国如何庆祝新年的 PPT,这是从美国人感兴趣的地方入手的。

2011 年学生们的合作项目是节约和循环再造计划,两所学校的学生创建了不同的节约型的电池站,并看看各自能维持多长时间。"我们希望找到一个让他们都喜爱的项目。"甘满森说。

该方案还必须配合州里的标准,让学生提高他们的文化意识,提高技术技能,在参与的过程中获得科学知识。

这两个国家的教师也必须每周预先配合,通常三年级的教师要花很多的时间,这样他们才能够与中国方面顺利合作。

奥克斯特德学校的领导希望继续与海外的学校合作,即使下一年该州打算不再继续。"如果瑞典的学校继续,我们也将继续。"其实社区也乐于看到每个班都有一个海外的合作伙伴,因为这确实有效果,孩子们也能受益。

技术整合的十个秘诀

美国著名教育杂志《教育世界》刊文介绍了技术整合的十个秘诀。

秘诀之十：反思

回首上一年,对自己提出如下问题:

我使用了该技术吗?

如果我使用了,课程效益提高了吗? 如果没有,为什么呢?

如果我不使用该技术,那么今年我会加强还是削弱教学?

秘诀之九：组织起来

把旧文件整理好,删除那些无用的或者过时的。

根据主题或者课题整理剩下文件夹中的文件名。

备份重要的和经常使用的文件。

将历届学生的项目转移到移动硬盘中保存。

检查所有的网站书签,并删除那些不再有效或者无用的。

组织剩余的主题或者课题。

秘诀之八：参加一个课程

互联网上有各种各样的主题和教程,参加一个在线课程,学习有关的教学和技术。也可以加入当地的软件或硬件工作坊。

秘诀之七：网络与同行

加入一个教师网络群体，如谷歌教育讨论组，或者创建你自己的组。
订阅各种教育相关的邮件。

秘诀之六：订阅教育读物

在线订阅或印刷出版物，如《学习和领先技术》（国际教育技术协会）、《今天阅读》（国际阅读协会）和《教育学》（学校），以了解更多的关于科技融入教学和学生学习的事例。访问教育技术刊物列表，看在线教育科技刊物。

秘诀之五：实验软件

探索新的与学生共同使用的软件程序。创建一个临时文件夹，试着使用该程序。如果可以使用，就将它保存为一个模板。

选择最佳的程序。决定上课时最适合每个学生的程序，进行教学示例，尝试新的计划。

设计学生使用表。对程序的活动和项目进行设计，使用简短的句式，一步一步地指引，直到学生可以独立使用软件。

秘诀之四：技术帮助你节省时间

使用相关的技术软件，可以使你的工作更容易。如：使用电子表格记录学生的作业，使用电子排课表，使用文字处理程序来创建致家长信，或用一个数据库程序创建标签和邮件合并处理信件。

秘诀之三：创造一个课堂环境

在教室里建立和组织可视化的环境，需要考虑在何处找到学习中心、写作中心和电脑中心。(注意计算机教室的物理限制,如线的长度等。)

学校应建立一个计算机学习中心,创建一个与学生课程相关的网站,为各学科教师提供技术相关的活动。

秘诀之二:与现有的课程相匹配

看一看前一年的课程,决定哪些可以用,哪些可以提升;许多原有的用铅笔和纸进行设计的活动可以很容易地用文字处理软件或者绘图程序代替;可以把技术整合到课程中,为学生提供多种选择,如创建报告书、使用网页链接;制作幻灯片、多媒体报告、海报或其他材料时,学生可以选择符合其个人学习风格的整合手段。

探讨其他教师做什么,找到技术思想、经验和活动案例来配合你的课程。

探索网站,补充和扩展你已经成功的经验教训。寻找有趣的文学作品、图片、电影和活动,用来传达你要给学生的信息。

秘诀之一:准备些新的东西

这些技术将会使学生对学习更感兴趣,如在一个多媒体百科全书中添加声音和视频,提供相关的主题链接。文字处理程序可以帮助学生提高写作水平。质量软件可以让学生实践课程技能;远程合作项目让学生与世界各地的学生合作学习。

教师可以使用新的工具与演示软件创建课程的相关内容,还可以教学生使用如扫描仪、数码相机、摄像机、投影仪等工具来增加自己的课程内容。

与合作伙伴共同计划新的课程,可以集思广益,分享规划,同时还有助于发展每个教师的个人优势。

教师如何用网络进行社交

——访 Facebook 首席安全官沙利文

孩子们喜欢社交网络,但许多人对在课堂上引入具有风险和争议的技术持怀疑态度,他们不知道怎样让孩子在上他们喜欢的聊天网站的同时让他们远离网络上的危险。而 Facebook 的首席安全官沙利文则说,社交网站可以做到既含有教育含义,又可以是安全的,只要你遵循如下原则。

● 创建一个好友名单:如果你是一名教师,你可以创建一个好友名单,将它命名为"学生",并调整你的隐私设置来精确地控制你的学生们会看到什么。例如,你可能让学生看到你的基本档案信息,但不是你的照片或者墙上所贴的内容。

● 使用 Facebook 参与论坛:你可以创建一个与你所教科目相关的项目,并邀请所有学生加入该论坛,这将给学生提供一个他们喜欢的、感兴趣的论坛。论坛里面有一个讨论区,可以让学生发表意见。

● 分享丰富的内容:使用你在 Facebook 中的主页,邀请学生分享一些有趣的内容,如新闻剪辑、有趣的文章、网站、视频等。

● 讨论网上安全:告诉学生在网上什么样的行为是合适的,包括对密码的保护,不要轻信陌生人,以及对他人要尊敬等,告诉他们访问 Facebook 安全中心的最佳做法。

● 多寻找些资源:按时上下网,经常访问动态的内容,尤其是 Facebook 的教育内容,并且关注安全中心给教师的安全忠告。

● 检查学校的社会网络政策：作为一个教育工作者，教师应该在 Facebook 上设立账户之前看一看与你所在学校的政策是否相符，使用 Facebook 时要遵守其政策。

● 在上 Facebook 的聊天网站前，不妨问一下学生家长是否同意，向家长解释清楚这个东西的利弊，如何在教学中使用，并确保孩子们都已经超过了 13 岁。

● 学生的反馈：请教学生与网络达人，看看他们有什么创新的想法，寻问如何做才能符合他们的要求，在课堂内外都可以。如果想要带来创造性的想法，多问问他们。

● 你是学生安全的港湾：确保学生知道，他们可以向你问问题，或者将上网时遇到的棘手问题在网上发给你。

● 教师可以利用免费的技术平台与学生分享教学内容，如演示文稿、笔记、练习测试等。

Facebook 有 200 多个与教育有关的应用，如：

教学卡片：有了这个应用程序，你可以创建教学卡片，帮助学生学习。

研究小组：该程序允许学生在课堂以外进行合作，创建待办事项清单，设置会面时间，在小组中进行合作，并在线分享笔记。

除了 Facebook，教师还可以使用 Slide Share 网站创建演示文稿并发送给学生，把这个幻灯片应用与学生分享。

教室中的视频会议工具

视频会议并不是什么新东西，早在 20 世纪 90 年代，就有公司用这种技术减少旅行费用。这些早期的服务，如今发展成为我们所知的 GoToMeeting 和 WebEx 等，它们虽然使用方便，但对学校而言非常昂贵。

Skype 公司开创了一个免费视频会议的新时代，它允许任何一个连着照相机的计算机和其他人接入服务，价格不算贵，但可以不受限制地实现教室与教室之间的连接。

而现在，谷歌也推出了免费的视频会议系统，学校不必再为费用担忧。用户只需要一个免费的谷歌账户就能用这个服务，除了能够看到参与者，用户还可以共享桌面和文件。

"感谢退伍军人"活动

学校有给军人写信和发送包裹的传统，通过上面的新技术开展这些活动，学生将能够直接与退伍军人见面，提出问题并能够立即得到回应。视频会议工具可以帮助学校搞纪念日、退伍军人节等活动。

国际交流

视频会议可能会代替传统的书面信件，世界各地的学生定期在视频上见面，可以分享他们的活动，讨论彼此的生活。因为视听方面的便利，学生可以接触不同的语言和文化。

与作者交流

　　受地理范围的限制,学校不太可能让一个作家到学校来为学生上一堂课,采用这种新技术,任何位置的作家不仅可以公开地与学生交谈,而且可以分享图片、文件和其他资料。想象学生与真正的作家一起分享或阅读同一个版本的书,他们该是什么反应?

教学手机的妙用

在美国得克萨斯州三一学院的马特·库克所在的教室,你会发现学生们眼睛盯着手机,而他们的教师对这点却高兴不起来,这种情况一直持续到教学手机的引入。

这是库克发起的一个教学项目的一部分,由于企业的赞助,五年级教师和学生们正在探索手机的教育用途。库克认为,从长远来看,手机会因为其便携性而成为理想的教学工具,这种一对一的"计算机"对于学生来讲也更具吸引力。"孩子们用这种教学手机在家里能够完成许多不同的任务,"库克说,"我们也可以从学校通过电子邮件向他们询问作业的完成情况。"

该项目出现在 2007 年夏季,当时,库克就发现,他的学生有不少人带有手机,他们往往带上一整天。就在其他一些教育工作者寻求如何消除手机的干扰时,库克却想弄清楚,如何利用手机创造新的技术。

每一个口袋中都有的手机

库克鼓励学生们利用他们的手机,记录科学实验室中的工作和调查的结果,他要求他们发送照片给他。学生们也喜欢这样使用手机,但还是存在一些问题。

库克还没有找到这方面最佳的做法,他还没有考虑到使用短信或者蓝牙的可能性。不过,他知道手机是一个功能强大的可以挖掘的教学工具。

"在 2008 年夏天,我去圣安东尼奥参加了我能找到的每一个与手机相关

148

的会议。"库克回忆道："我很激动，并对技术在学校中的潜在用途更好地做了了解，我有机会与专家深入交谈，并有一些计划。"

库克的计划是建一个公司，在他的课堂中使用互相合作的教学模式，每个学生将获得教育用的手机。

库克找到在教室中使用这种新工具的新的方法，这样公司也会有一个产品的新市场。

"我给各家手机公司发电子邮件，看是否有公司对这一项目感兴趣。"库克说："其中一家公司给我打回来电话，这让人激动。我解释了这个项目，他们也激动不已，并希望他们能够了解所有的问题。我把手上的很多资源，提供给他们作为参考。"

库克的计划形成了强大的联盟：Verizon 公司提供服务，宏达捐赠手机，微软提供移动软件。埃利奥特 Solloway 和卡特伦诺里斯已开发出的软件名为 GOKNOW，他们还从学区得到持续的支持。现在，库克的五年级学生每天使用手机进行合作，分享信息、收集数据，并使用 Word 和 Excel，还可以用 PPT，互相沟通，并获得图像。学生每天可以使用如动画、绘图等工具，并可访问其项目主页。

"作为一名教师，我使用它推动了应用的发展，并为孩子们的手机文件实现了无线同步，我们还利用专门的电子邮件沟通，这是安全的，经过过滤的。"库克说。

这种手机没有语音或者文字功能，但他鼓励学生探索其他方式来使用手机，以加强他们的学习。

父母"圈"

库克说："父母非常支持，部分是因为我们的努力工作，让他们尽可能多地了解孩子的情况。"

学生的家长说："事实上，很久以前孩子们手上就有这样的设备，我们一直在试图利用其好处。"

　　我们为家长举办了定期的讲习班，近期还多次更新。家长们表示，他们主要关心的是手机必须加强而不是减少一些主要的功能。

　　"我们原本在一年级和六年级进行试点，这是个很关键的扩展，但我们仍然在等别的手机的供应，另外两个项目还需要等待部署。"库克补充道。

科技助体育课堂成为
"翻转"课堂

　　科技走入校园已经是难以抵挡的趋势,除了数学、科学、英文等课程,现在也有体育教师将科技融入体育课,形成一种新的教育模式。2012 年 5 月 16 日,《电子学校报》报道称,一位任教于伊利诺伊州公立学校的体育教师杰森(Jason Hahnstadt),他致力于用科技来辅助体育课程,号称这是"体育课的大转变"(翻转体育馆,flipping the gymnasium),这与人们脑中的体育课教学方式真是大相径庭。

　　杰森利用影片制成软件,如 Camtasia Studio 等自行编辑制作教学短片,学生必须先在家预习,看完影片。例如他制作的皮克球短片,内容包括此种球类运动的起源、规则说明等。正式上课时,教师可以节省做说明的时间,直接进入运动技巧的教学。而且授课教师认为,辅以科技的体育课,效果比传统方式更好,由于影片的辅助,课堂增加了更多的运动时间。

　　另外,杰森又辅以计算机网路测验,来确定学生了解影片的基本概念与规则的情况,这样又避免了体育教师反复说明相同的技巧与规则。杰森的经验是,在每次开始新的运动项目前,用科技方式进行"翻转"是教学效果最好的时候。

　　除此之外,他还应用移动科技的实时性特色,让教学内容得到实时的修正。杰森使用一种实时影像分析软件 Coach's Eye ,将他透过 iPad 拍摄的学生运动影片分解成一个个画面逐步分析,教师可以立即看出缺点,学生实时修正动作。杰森认为修正排球球员的效果就很明显。

杰森也利用社群网站或者博客跟其他体育教师沟通,希望能在科技走进课堂的同时,也步入田径场和体育馆,成为体育教师的帮手。

课堂上使用游戏的五个原因

著名的美国教育杂志《教育世界》最近引用了斯泰撒基斯的一个博客，他是《好的开始：147 项在西班牙语课堂上的热身活动》一书的作者。

我一直很喜欢玩游戏，我的家人经常玩棋盘游戏，我和我的孩子几乎每天都玩游戏，而且我每天也在课堂上使用各种各样的游戏，从来没有一个学生问我："为什么我们在玩游戏？"相反，学生经常问："我们可以再玩一次吗？"

有些人可能会问："为什么在课堂上玩游戏？"我认为，向我的学生、同事、家长和其他人表达上课时这些游戏的重要价值是十分重要的。我教学生玩游戏有五大理由。

一、通过游戏学习，可以积极参与。

学生们在玩游戏的过程中不知不觉地学习。通过游戏，学生可以了解一个新概念或者新想法，从不同的角度，尝试不同的选项或变量。例如，在我的西班牙语课堂上，我经常在上学的第一周教学生玩纸牌游戏，四五人一组，每个学生通过纸牌游戏的胜负进行阅读。第一轮结束后，我将一个学生（通常是赢家）移到别的组中继续玩游戏，我们一般玩三四轮。

我的学生起初并不知道每个组都有一套不同的规则，当一个学生移到一个新组后，他常常感到困惑，不知道别人为什么是那样的规则（学生通常会说："他们打错了。"）我们以此为出发点来探讨移民到一个新的国家的体验。从西班牙到委内瑞拉，再到美国，我分享了自己学习新文化的经验，有时候，

第二篇 教育科技智慧

我真感觉其他人"打错了"。

之后，每个小组的学生都会向"新人"说明规则，使游戏运行得更顺畅（学生感觉更满意）。在这点上，至少有一个人说："我明白了，你想告诉我们，这就是为什么我们需要学习另一种语言。这样我们才可以互相解释规则。"

二、游戏提供了实践背景下的学习体验。

作为一名外语教师，我知道学生需要大量的实践来内化重要的词汇和语法结构。然而，学生必须参与有意义的实践。老实说，无数的手册或教科书的习题并不总是非常迷人，通过生动的游戏则不然。通过游戏多次反复实践后，我的学生对词汇和语法结构认识很到位。

三、通过游戏，学生可以学习各种重要的技能。

例如，学生可以通过游戏获得批判性思维技能、创造力。团队游戏开发了无数的技能和良好的体育精神。例如，我的西班牙语的学生，通过玩猜字游戏，创新能力大大提高。我喜欢在游戏中看到学生的创新（绘画、表演等）。

在我教书的第一年，一个学生说，我很喜欢我们玩的游戏（一种学习动词变化的快艇游戏）。我告诉他，这并不是我的发明，而是基于别的游戏改进而成，他也可以在家里玩。然后他告诉我，他从没有在家里玩过游戏，我是唯一和他坐下来一起玩游戏的成年人。有时，学生会不合乎逻辑地思考如何玩"猜猜我是谁"。我很惊讶，这时，我提醒自己，这名 14 岁的学生在来我的班前从没有玩过游戏，我认为这是一个教给学生生活技能的机会，虽然这不一定是我课程的范围。

四、在玩游戏的同时，发展学生对多种内容的联想，可以形成学习的积极回忆。

我最喜欢的一些课堂的记忆是通过游戏实现的。我忘不了看米格尔在课堂上跳来跳去帮助同伴记单词的场景，幸运的是，学生们也不会忘记。有趣的、愚蠢的时刻往往会永远留在学生的记忆中，通过一种积极的情感联系，可以给学习带来好处。游戏可以给学生提供各种感觉经验。

五、游戏吸引学生的注意力，使他们积极参与其中。

我发现，学生真的很喜欢玩游戏，这是一个很好的方式让学生沉浸在西班牙语境中。游戏可以让学生快速转换学习内容。经过几个小时的标准化测试，我发现学生累了，让他们玩一下充满活力的运动游戏，可以迅速调整他们的学习状态。

学校领导利用社会媒体的技巧

《教育世界》杂志很高兴介绍这些教育技术专家推荐的有关学校领导的社会化媒体指南,文中讨论了可用社交媒体提高生产率,帮助专业发展,促进学校与学生、家庭的沟通。例如,有些学校利用 Facebook 和 Twitter 传播有关学校的新闻和即将发生的事情。然而,作者强调,任何形式的社会媒体都得提前规划。

你得回答以下问题:如何使用社会化媒体? 学校应用社交媒体有什么秘诀?

埃里克——新泽西州新米尔福德高中校长说:"作为高中校长,利用社会媒体的最大好处之一是让利益相关者连接到我们学校的网站,为他们提供实时信息,包括学生的成绩、员工的创新、运动员的成绩、会议和重要事项的告示。此外,学校还获益于一个有影响力的公关平台。我们的学生、家长和社区成员一般只需在家里浏览网站提供的有关学校的新闻和内容,这样一来就和我们组成强大的组合,建立了一个积极的品牌效应。"

"社会化媒体也迅速演变成'走出去'战略的专业发展的源泉。学校领导现在可以根据自己的需要轻松地建立自己的个人学习网络。有互联网的地方便有连接,我的整合是,Twitter、谷歌、数学讨论讲坛、社会性书签服务和Pinterest。"埃里克补充道。

有效利用社会媒体的第一步是确定你的目标,拨出一些时间来学习、观察其他具备高科技水平的资深校领导是如何利用社会媒体的,并询问他们如何利用这些工具。

詹姆斯·戴维斯,诺克斯中学的校长说:"我们使用短信功能,让家长和学校的其他利益相关者签署需要从学校得到短信的协议,一旦他们订阅了短信,他们就会收到。此外,我们会对学校中有特殊才能的人加以宣传,我会建议使用社交媒体工具,但必须非常谨慎,学校最好只允许一个人,最好是校长,负责发布信息。"

邓莉,密苏里州堪萨斯城伦纳小学的校长说:"我们学校把社会化媒体作为一种通信工具,Facebook 和 Twitter 账户可以随时对家庭与学校的事件的进展情况进行追踪。我们发现,Facebook 是一种高效、有趣且实用的工具,可以分享我们学校的学术等活动。最近我们幼儿园搞了写作研讨会,我们在 Facebook 上发布了消息和照片;四年级完成了密苏里州的研究项目,其相关内容也展示在了 Facebook 上,使家长能够理解其研究价值和重要性。"

"社会化媒体也可以让我们部署重要的专业发展的内容。最近,我们用教育的社会化媒体工具,通过一个虚拟的教师会议进行讨论。这种灵活的方式,为工作人员的教学带来了极大的便利。"

大卫·埃莱娜,河溪中学校长说:"目前,我们的学校和家长都有 Facebook 账号,我们发现,这是一个非常好的得到家长和学生消息的方式。我们也会使用 Edmodo 张贴和讨论任务,这是一个与大家分享我们的社会信息的极佳方式。"

米格尔,得克萨斯教学科技与学习服务主任说:"现在,我们使用的 Ping. fm 被称为无成本的服务,同时我们也会更新学校的 Twitter 和 Facebook 账户。"

具体如何工作的呢?

- 设立 Twitter 和 Facebook 账户;
- 建立 Ping. fm 账户并在我们的智能手机上安装应用程序;
- 将 Twitter 和 Facebook 账户连接到 Ping. fm 上;
- 我们发布照片和文字到 Ping. fm 上。

每个教师都应该掌握的
现代技能和技术

教师需要什么样的技能？尽管教育家都在问这个基本问题,但多年来我们仍然没有一个明确的答案。

按照国际教育技术协会(ISTE)提出的标准,教师技术的使用分为5类:(1)促进和激励学生的学习和创造性。(2)设计和开发数字时代的学习体验并评估相应的设计。(3)促进数字时代的学与教。(4)给出新型数字公民的责任样板。(5)参与并领导专业发展。这个野心勃勃的主张很难争辩出什么,它是一个全面的清单。

教师不要光考虑在教育中如何用技术,还要把重点放在如何用技术加强教育上来。

为了更好地利用技术支持教学实践,为了描述一些具体的方法,米尔克开发了一个综合衡量教师的有效技术的标准。他让教师们把使用技术的能力与个人的教学实践结合起来,教师的技术能力就可以有一个渐进的教学路径。

因为有效的技术实践尚不是教育文化的一部分,教师及评价教师的人并不知道,技术的使用正如他们使用传统的教育方法一样。因此,我们简单地指导使用有效的教学来替代技术,也许对教学和评价双方都有利。使用这样的指南可以确保学生从技术中受益,而不是依赖每个教师的技术水平,或者是他们个人对技术使用的承诺。

每个教师都应该掌握的现代技能和技术主要体现在以下 4 个方面。

计划和准备阶段

在这个阶段,教师应该:

● 创建适合学生的技术能力的任务。

● 利用学区提供的数字资源,包括在线工具、内容管理系统、电子参考源、在线的视频网站、读与算的学习系统等。

● 利用现有的工具(如笔记本电脑、平板电脑、计算机实验室和交互式电子白板)设计教学活动。

● 利用数字资源进行差异教学,包括对有特殊需要的学生使用什么样的设备,适合不同的阅读能力和学习偏好的学生的计算机活动及在线材料。

● 在学生学习过程中评估这些技术的效能。

课堂环境

在这个方面,教师应该:

● 在上课时对教育技术持积极的态度。

● 使用技术来帮助学生线上"展示"他们的学习成果,在线听取学生、家长和公众的意见,当然这要遵循州的安全和隐私规则。

● 使用技术来进行协同合作,并对学生的工作进行编辑展示。

● 创建课堂上使用技术的规则,包括如何使用个人技术设备的规则等。

● 监控学生的技术使用,如有误用,教师应该及时纠正和控制场面。

教学

在这个方面,教师应该:

● 利用教室扩声系统。

●使用技术创造内容和概念的视觉图像和视频,这有助于解释相关内容。

●使用互动白板,包括上白板演练;基于学生的反应使用应用游戏,如投票统计等。

●鼓励学生利用网上资源回答问题并探讨与课程相关的内容,教会学生搜索策略评价信息。

●使用技术来帮助学生展示自己的成果(如写作、设计及其他创造性的作品)以满足教学目标。

职业责任方面

在这个方面,教师应该:

●使用一个在线分级报告制度,保持学生的毕业率和共享相关信息,让学生和家长通过门户网站及时获得信息。

●使用一个在线分级系统的门户网站,发布学生相关的作业,让家长也提前知道。

●通过网站向学生和家长提供课堂信息。

●让学生和家长了解和使用在线通信工具,如电子邮件、博客等社交工具。

●使用在线协作工具和同事进行工作上的沟通。

除上述几点外,我们还需进一步思考:教师需要什么样的技能? 也许这个问题永远也不会有一个最终的答案,因为技术和最佳的教学实践将继续发展,不可能有一套方法永远保持不变。

但应该肯定的是,良好的教学实践应驱动技术的使用,即技术驱动教学实践,而不是相反。如果技术丰富了学习,我们便不应该把它看成一个独立的实体,应该把它看成日常教学的一部分。

● 教师应认识到最好的教学实践应该把技术应用于课堂上。

● 教师间应经常讨论技术的使用标准，尤其是通信技术及在课堂上要部署的技术。

● 发展教师评价工具，以解决教师技术的使用与技巧问题。

● 使用对教师评价的数据，采用聚合技术，可以帮助员工发展工作重点。

第二篇　教育科技智慧

每个学生都应该具备的信息技术素养

"要记住,重要的是让技术屈从于你的意志。"一位作者说。

什么是学生学习最关键的技术技能？最近,美国 School News 网站做了调查,以下就是读者所说的。

1. 网络素养

"学生需要阅读新闻文章,并能够判断该文章是否有偏见,如果它是真实的。然后他们需要学习如何阅读在线评论文章,并能够给出一个深思熟虑的评论。"——哈蒂,盐湖城

"最重要的技术技能是通过学生的能力来判断网络内容的质量和潜在的影响,并对它们进行评论。30 年前,大多数研究材料是提供给学生的,如百科全书、书籍、报纸、杂志等,已经有某种程度的评论和文章了。现在我们生活在一个网络世界里,任何的在线内容看起来都是可靠的,充斥的都是些很难知道作者倾向性的信息,学生需要学习核实信息,了解其类型,检查其来源的可靠性,以及学会验证所学知识。"迪克·卡尔森,教育系统的应用首席学习官这样说。

2. 批判性思维

"学生应学会利用技术追问什么是已知的和未知的。发展新的理论要从什么是已知的和质疑假设开始。"尼尔博士说。

"最重要的技术技能是学生需要学习如何学习,当学生拥有这种能力时,他们就知道如何找资源,寻求和应用方法,以帮助他们获得知识和技能。"阿道斐这样说道。

3. 科学技术

尼尔博说:"学生要学习一些常用的软件,会使用特定的硬件,这就是技术学习。问题不在于什么样的软件和硬件的使用,而是要知道其背后的技术。"

哈蒂说:"我相信,每个学生都有足够的机智、主动性、冒险精神和创造性学习,掌握科学技术是必要的。我们在 10 年前无法预测到现在的技术是什么样子的。"

4. 勇气

克·卡尔森说:"我认为,一个伟大的技巧是无畏,不必担心实验技术或者软件的正确性。重要的是要记住,技术能够遵照你的意志,为你服务。学生通常是勇于冒险的,而作为成年人,我们需要他们用探索来满足自己的好奇心。"

"游戏"可以振兴教育？

根据美国劳工部的报告《今后的工作:21世纪工作的趋势和挑战》,今天的小学65%的孩子将因为没有创造力而失去工作。在信息技术快速发展的今天,我们该如何培养一个强大的队伍?

Z一代,或iGeneration(除了上网什么也不知道的孩子),在使用互联网和移动技术获取知识和资源建立了个性化的空间时,今天的年轻人已经将这些技术掌握在手掌上了。

试图把年轻人的关注焦点从这些手掌般大小的设备上移开,是过去一段时间内许多教育者的本能,但也有很多人拥抱这个时代,迎接新的一代的。

所谓的新一代比以前的体系有更高的期望。他们进入正规的教学环境中是不得已,要让他们从事学习,教学课程所带来的乐趣至少要与他们的休闲游戏相当才行。

游戏空间的魅力(这时的教室感觉更像是一个游戏系统)可以被用来辅助教学？我们如何保证作为玩家的学生会学习？我们怎样才能缩小课堂元素与游戏元素的差距？

为了讨论,假设参与者都有同样的兴趣。在游戏空间,玩家可以通过与自己的欲望和创造力相符的游戏相识,培养自我激励,探索低风险的非结构化的活动。玩家努力掌握一种技能并反复尝试,最终得到他们狂热追求的一个能够真正掌握的技能。他们的动机纯粹是内在的,事实上,他们创造了一个神奇的时刻。

在尝试失败方面，个人是安全的，没有任何风险，玩家会变得更有创造力和交际能力，更可能与他人合作，这都是21世纪非常宝贵的技能，尽管现在存在着早期的社会化倾向。直到现在，我们开始看到这些游戏是非常强大的，追求快乐是内在激励，并利用动机产生一些非常有力的结果。玩家想把游戏玩好，他们就会全神贯注。

游戏往往会有扣人心弦的情节（许多是幻想的成分），你可选择并发展为一个化身，与此同时，发现一个膨胀的和身临其境的现实的秘密，以确保不懈地追求。玩家将会有一个合理的速度和水平，他们玩的乐趣会增加，尽管有持续的挑战。

玩家将忍受重复尝试时的沮丧，因为最终达到掌握这些功能的内在激励，这样的动机会促使玩家不断重复。在很多游戏中，玩家渴望获得经验，得更高的分，这是他们规范性的进展。分值不仅能让玩家获得新的技能、道具和地位，也可以同时完成其他任务并面临更多的挑战。

这样的例子在大规模的多人在线游戏中比比皆是。其中最著名的是《魔兽世界》，拥有约1 000万用户。在这个游戏社区，玩家进入一个自我激励的状态，作为新手，有非线性叙事，以自主任务为主，建立协同的分会，并致力于一个共同的目标和最终的掌控。

一个值得注意的事实是，这个游戏是以玩家为中心的，而不是以系统为中心。当玩家进入探索的领域时，他的周围都是等待探索的区域，还有不断的任务来袭，知识和解决方案的挑战无处不在，有很多种方式获得。此外，旁观者能够很快提供"及时的"教导。后面的两个是强有力的角色对角色的教学，这是非常被玩家所欣赏的，也是向前的动力。

在这样的游戏空间，信息是寄托，玩家积极主动地调用各种资源，这与传统的课堂教学模式形成鲜明的对比。在游戏空间，用户是在玩耍中学习，而不是先学再玩。

因此怎样才能让游戏和教育软件开发商提供富有乐趣而又有实际的知识？进入游戏不是一个简单的任务或一个轻率的追求。尽管面临挑战，但它被描述为一种革命,只需要找到一个中介,便可产生非常积极的结果。

例如,目前马里兰州中学的学生在学习代数时,使用了《诱惑的迷宫》这样一款游戏,学生的工作就是寻找他们丢失的宠物并拯救世界。通过一系列非线性的经验,"诱惑"包括高度互动和发现,对数学难题进行游戏化,探索和掌握的技能都与州的数学标准相符,游戏中学生感觉自己像数学家。"诱惑"有一个完整的教案,针对每一个游戏作品,数学图形组织者的解释和教师资源,这些都满足预期的许多基本程序。

还有其他的游戏也可以引入课堂。如 Dragon Box,可以用来教代数,范围从初级到高级,包括对复杂的方程求解。

许多教育工作者面临的挑战是找到合适的工具,然后怎么办呢?首先,让教师去玩是极为重要的,这样他们可以找到陷阱。事实上,游戏只提供了拼图的诱惑,是教育工作者使用的有效课程。孩子可能在游戏中解决难题的进步很快,但他们仍将需要把成功的原因重复出来,这时教师的作用便凸现出来了。

找到合适的应用程序和合适的合作伙伴,不是一件容易的事情,尽管这前景很好。好消息是,应用程序及游戏设计者和教育技术出版商之间的合作非常密切,并有产品存在,把游戏元素注入教学,为教育和教学提供强大的诊断。

这些工具可以帮助教育工作者小步跨进游戏空间,在那儿他们可以与年轻的学子有共同话题。转变观念,通过游戏来教学,可以缩小目前存在的教师和学生之间的距离,而学生学习的效果也普遍提高了。

技术专家谈为何技术实现了
真正的个性化教学

最近,美国著名的教育杂志《教育世界》访问了教育技术专家玛丽安·沃尔夫博士。访谈的主题是教育工作者如何面对前所未有的个性化的教学方式。文章有一定的哲理性,而且颇有些政策的指引,对我国的信息技术教育工作者也有一定的启发。

特将此文的主要内容介绍如下。

每个教师都应当尽量满足学生的个性化需求,但学生太多,每个都要实现个性化谈何容易。玛丽安·沃尔夫说,她也会分组,并试图给出不同的指令,但实际上,这种情况只能够为少数学生的个性化学习服务。

玛丽安认为,即使没有使用技术,让某些孩子实现个性化学习也是可能的,只不过缺少深度和广度,没有联系学生的需求。她同时认为,真正的技术会让每个孩子真正实现个性化学习。

比如,对于创新教育体系个性化学习的设计这个观点,玛丽安提到:

2010 年 8 月,软件信息产业协会(SIIA)与行政州立学校官员(CCSSO)和国际督导与课程开发协会(ASCD)合作,汇集了 150 位教育利益相关者讨论和辩论的话题,虽然通过许多年的努力已经解决了个性化学习的组成部分这个问题,但这种讨论超越了差异教学和个性化学习的范畴,利用美国教育部国家教育技术计划(2010)的定义:个性化是指有节奏的学习需求(即个性化),量身订制学习偏好。

学生可以根据自己的水平和喜好到不同类型的平台中活动,这样的学生能很快掌握学习技能。个性化教学最初只在一所小学试点,现在已扩大到初中和高中,这是一种革命性的教学(SIIA,2010)。

普罗维登斯都市职业技术学院则实施了另一种教学模式。

"该计划主要针对那些可能在传统的高中没有成功的学生,要求他们根据个性化教育方案的规划,取得家人的配合,每周两天提供实习机会,侧重实现5个学习目标:沟通、实证研究、个人素质、定量研究和社会推理。"

技术和社区资源的使用为学生们提供了很多额外的机会,学生参与的个性化学习超出了学校一天的学习经验,将可能通常被认为是非正式的学习时间也利用起来了。该技术的运用已扩大到全美国60所学校。

作者指出,该研究强调,学生应该在一个完整的系统中得到更好的服务,整合学校课程、家庭和社区的优势。

虽然存在一些元素的重叠,但可以肯定,教学和学习提供了一个转变,技术可以加速和扩大这些变化。有些很容易纳入现在的教学结构(即基于项目的学习),而有些则与现在的教学相去甚远。

作者最后认为,政策和制度的保证是十分重要的。

某些政策可能彻底改变一个地区或学校在追求个性化学习的某些方面的能力,而政策和制度的推动,还包括以下要素:

1. 随时随地地学习;

2. 教师的角色随时更换;

3. 学习机会;

4. 学生驱动学习;

5. 以教师为基础;

6. 使用的时间;

7. 时间灵活下的状态评估;

8. 完成的激励;

9. 连续和非级带系统。

实施和转向个性化学习要有上面描述的基本要素，需要认真地反思，采取网上学习与班级学习混合的方式，否则不能很容易地跟踪或者测量相应的优势。美国去年在个性化学习方面有着不断发展的趋势，主要包括以下几点。

BYOT(你自己的技术)在全国各学校已得到很大的提高，在许多地方，以前设备情况不允许，而现在情况好多了。

移动通信技术，无论是智能手机、上网本，还是笔记本电脑，都在改变教学方式，随着移动通信技术迎来更低的成本和更小的设备，越来越多的学校正朝着这个方向发展。

作者认为个性化教学的好处在于可以更好地理解学生，可以有更全面而持续的评估，更好地访问数据，直接配合他们的需要、能力、兴趣、学习风格，以及具体的活动和课程，并让学生尽量摸索适合自己的学习方式。

对于国内信息技术工作者也总是认为运用技术就能提高学生的学习兴趣这一观点，作者有不同的认识：为什么我们的教育制度总是认为，有效利用技术只是一个吸引学生的"有趣"的方式？个性化学习是好的教学方式，技术和数字化学习可以为更多的学生提供个性化的学习。这种做法将改变学生的学习成果，它也与学生的个人发展息息相关。

教育技术专家谈教育技术的应用

伯尼普尔,美国匹兹堡大学的教育技术教授,出版了多本有关教学技术的书。他还建立了广泛索引的 Web 资源,供教师和学生使用。

作为一名比较出名的教育技术专家,伯尼普尔最近写了一篇有关教育技术哲学的文章,对教育技术中的一些哲学问题进行了深入的阐述,这对我们现今教育技术中某些模糊的认识有着不错的借鉴作用,特介绍如下。

技术可能被界定为我们用来实现我们想做的事情的工具,人类不仅仅只是使用技术,自觉不自觉地,我们已经设计和开发了技术,这样才能够让我们在生活的各个领域都感到便利,这使得我们人类比地球上生活的任何其他生物都远远走在前面。

技术是什么呢?从概念上讲,哪怕只是用鹅卵石或者算盘进行计数也叫技术。随着时间的推移,孩子们通过实践来感知世界,当他们在母亲的子宫中时,他们就在感知周围的事物了。出生后不久,技术就在孩子的学习和认知中担任不可或缺的角色。这是因为,孩子被周围的人们和事物所包围,不知不觉地就开始了思考和学习,这也就是著名教育家维果茨基所谓的最近发展区:儿童发展所依赖的物理的和社会的文化环境。

在教学上,教师总是在寻找有助于学生学习的教育技术,来帮助学生抓住信息以成为自己的知识,这些工具很多,如钢笔和铅笔、笔记本和课本、图片、油画、素描、地图及视听器材等。今天,我们有电脑,这是一种非常了不起的工具,因为电脑具有特别丰富的多媒体资源,提供了一个可视化和个性化的学习环境,符合不同个体的不同需要。

技术本身并没有帮助学生主动地学习,差异在于技术是如何应用于学习过程中的,关键在于技术是如何提供有效的学习体验的。教师就像父母一样,是一个儿童最近发展区的关键人物,儿童完全有能力进行自我学习,当然如果有别人或者别的工具的帮助,学习起来就更有效率了。

自从我学习了教育哲学博士蒙台梭利的名著后,我一直对她的理论感兴趣,并在过去的 43 年中,试图将其运用于自己的教学中。技术被蒙台梭利称为一种"准备的环境",她要求教师精心设计和构造各种学习机会,这当中就需要通过各种教育技术来实现。

技术可以有效地帮助孩子学习,促进他们自发学习(固有的不可避免的学习),这种自发学习的直接原因是孩子在学习中所遇到的互动对象(一般指教材)以及他人"准备的环境"(即技术)。

蒙台梭利告诉教师们,在上课时要把孩子放在主要位置上,从本质上讲,当孩子进了教室后,教师的工作就是以他们为主体,在课堂上,教师应减少对他们的干扰。蒙台梭利甚至说:"教师最大的成功就是,他可以说'孩子们现在的学习状态就好像我根本不存在一样'。"

蒙台梭利讲这番话的时候,正是 19 世纪末 20 世纪初,教堂仍然是教学的主要战场,如今也是如此。然而,现在的学习不仅在教室内,也发生在教室以外,现在以计算机为基础的网络技术使我们的教学打破了教室的限制,变得无处不在。

以计算机为基础的教育技术日新月异,在教学技术方面有什么特别值得注意的地方吗? 引进课堂的任何技术,除非是真的能够促进学习,真的很有效,否则就别画蛇添足。

最近在教育技术论坛中讨论的白板,就是一个很好的例子。加拿大阿尔伯塔省圣帕特里克学院的教师霍格尔就说:"我在三年级的教室中放电子白板的时间已经超过 6 年了,没有它我真不行,它可以进行互动,让师生共同参与,这是非常重要的。如果只用能够显示内容的东西如图片、PPT什么的,真是差了不少，白板最大的好处是让教室中产生互动。"

这位教师继续说："设计更多的互动确实要花不少工夫，但这很有意义，特别是当你看到学生兴奋的眼神时。"

把技术有效地应用到课堂上，对于教师和学生来讲都是一个不小的挑战。这种应用是无缝集成的，是恰到好处的。正如一位教育技术专家所说："再好的工具本身成不了优秀的教师，而好教师确实能够用很好的工具来帮助自己进行教学。"所以学校需要致力于应用技术、深知技术真谛的教师，才能够提高教育质量。

不要让网络俚语影响了学生的
写作技能

媒体爆炸的社会已经完全改变了我们的沟通模式,无论是通过笔记本电脑,还是先进的移动设备(WiFi 或 4G 无线网络),我们比以往任何时候都有更多的连接设备,这点我们都很清楚。

虽然这种通信热潮已经有其教育效益的好评,但也存在一些质疑,如网络俚语被怀疑会损害学生的写作技能。

网络俚语是用来描述问题的快捷方式、替代词,甚至是用来传递电子文件中的一个术语或者符号,因为一般社交网站都会限制字符的使用数量,学生们在有限的空间里就更有创造力了。已经流行的讲话方式包括:BFF(永远的最好的朋友),WFT(为什么会是这样)。

"我认为这些对话在语法方面用轻松愉快的方式表示出来。"词典网站的主席格利说:"但最终,在商业世界和现实社会中,学生们还是需要良好的阅读和写作能力。我有点担心,我们美国人的识字水平会有所下降,这些电子设备是在帮助我们呢,还是让事情变得更糟? 我认为这可能会使情况变得更糟。"

英国《泰晤士报》援引了来自 PEW 互联网和美国生活项目的一份报告《写作、技术和青少年》称:以手机短信为基础的青少年省略语在正式的写作中经常出现。

　　人们只要花大约两分钟去浏览一个社会媒体,如 Facebook 平台的公共页面便可找到网络俚语的例子。在某些情况下,为了能够了解一个语句的意义,你需要阅读第二遍甚至第三遍才能懂。一个资深专家给出了这样一些例子:使用这些"酷"的技术是教育孩子用正确方法进行沟通的最佳方式。

教育专家推荐的教育小软件

Motivator 与 Ether Pad

"我喜欢简单而又能把事情干好的工具。"明尼苏达州曼凯托的媒体和技术主管约翰逊说。

"如果使用的教学软件会引起混乱倒不如不用。我常用的软件是 Motivator,这个软件能够在三分钟内创建一种特定风格的海报,只要上传一张照片、提供一个标题和简短的文字就能做到,挺好用的。"

"我在海报中使用这个软件,进行多媒体演示,还可以在博客中插入图片。对学生而言,它可以成为一个简单易学的软件。"

"现在我还在用 Ether Pad,Ether Pad 可以创建一个临时协作的写作环境,可以多人同时使用。点击'创建一个公共按钮',通过电子邮件邀请其他人,便可以开始写作了。注意,你的公共按钮并没有存在以太网上,但可以以各种格式存于桌面上。"

Wordle

"我最喜爱的小工具是 Wordle",密歇根州的一位数学和社会科学教师乔治说:"使用 Wordle,只要选中你要使用的文字,并将其粘贴到对应的框中,一个字就会以图形的方式显示出来,然后可以设置每个字母的大小。"

"这个工具的可用性令人振奋,我可以用它来显示我独特的课堂规则,以及显示我的班级期望,学生可以使用它来创造独特的阅读报告、社会研究笔记,甚至分析他们作文中的不当词语,它有多种选择性,充满趣味。该软件功能还可以被添加到项目中,以增加文稿的感染力。"

Let Me Google That For You

"另一个有趣的工具是 Let Me Google That For You,有些学生(有时教老师也如此)往往很难找到自己想要的信息,使用这个工具,可以帮助他们轻松地利用 Google 找到合适的网页。"

如,某学生对俄罗斯的人口状况一无所知,就可以去谷歌找这个软件了解信息。对于学生来讲,这个软件很快就能让他们学会如何使用"帮助"键来查找信息。

Reader

盖伊和惠特曼都是内布拉斯加州弗里蒙特学校的教师,他们介绍的是 ZAP 公司的 Reader,一个在线的应用程序,可以提高学生每分钟的阅读速度。研究表明,提高阅读速度是学生增加理解时间的一个好的途径。

"开始时,学生可以以任何速度进行阅读,只要他们觉得舒适就行;当学生习惯一个速度后,就可以增加速度了。我们已经在上课时利用这个工具,让学生多次阅读同一段文字,这样学生就可以脱口而出,这是减少技术对读者的障碍。这个东西学起来很快,但它可以通过节奏来控制速度。"

Blogger

"Blogger 是一个我们所遇到的最方便的网站,我们都把它作为与学生沟通的跳板,家长也可以成功地利用它进行交流。该网站引导用户如何建立一个博客,可以用多种方式定制,这样的博客比别人用过的固定的格式好得多。"

"Blogger 还有更多的功能,从一个功能转换到另一个功能也非常方便。我们在课堂上广泛使用它,如让学生参加比赛、增加一些别的任务等,让缺席的学生也能够补上课。我们也会及时更新教学内容,与家长沟通,了解课堂气氛。我刚刚续签了新学年我们的博客网站的合同。"

"Blogger 可以用一个非常复杂的方式来构图,用户可以创建任何主题、流程图,然后创建子主题、多媒体链接等,YouTube 视频还可以在地图上显示。你可以折叠地图,展开地图,学一节看一次。如果你要教孩子们主题思想,这个软件是必不可少的,它提醒我们要激励学生。这个网站太酷了!"

Maps of War 及其他软件

"我喜欢 Maps of War 这款软件。"高中历史教师马尔切说:"它包括一些精彩的互动式地图,我最喜欢这些地图,如'宗教的历史'和'中东帝国的历史',每个地图用 90 秒的时间显示了几千年的历史,而且它们大多从学生的角度出发来让他们思考。"

"我主要用 Maps of War 网站上的软件。"威斯康星州白鱼湾的四年级教师玛丽提供了一些新的软件。"通过 Twitter 和一些教育杂志,我发现 IiSpring 可以将 PPT 转换成 Flash 影片,这便可以嵌入博客与学生和同事分享。"

Befunky:用户可以将照片变成各种形式的艺术作品,如漫画、木炭、线条、模具等。

Zam Zar:允许用户将文件从一个格式转为另一种格式,包括文本文件、语音文件,可以在课堂上用。

Voice Thread:这是一个多人评论系统,网上的图像或者 PPT 可以由多人来评论。

Word Stif:它将 Wordle 提高到一个新水平,一旦你输入文字,就会产生关

第二篇 教育科技智慧

联词,还会有相关的网页和图片,我喜欢它的这个功能。它对学习困难的学生帮助很大。

Read The Words:它是一款将文本转换成语音的软件,用户输入的任何文本都可以阅读。转换成的语音文件可以用 MP3 播放或者在 iPod 上使用。

"我们地区很有决心,与谷歌联手提供教育服务。"新泽西州的技术总监马特谢伊说:"2011 年夏天,我们将电子邮件托管到谷歌,从而有了相应的网域名称,可以增加学校的标志和信息。我们利用谷歌提供的技术创建新账户,上传教育资源,还能直接与用户进行沟通。"

技术顾问和培训教师聂彼芝说:"我最喜欢的是 Tok Box,这是款完全免费的聊天软件,也可以用它来写文章。Bomomo 是一个涂鸦网站,可以用它来创造艺术作品。教师只需稍加练习,就可以为学生在网站上建立丰富多彩的图像。"

另一个有趣的软件是 Xtranormal,这是一个易于使用的工具,使学生能够用很短的时间使用字条和设置范围来进行动画创作。

科技专家对教师暑假的忠告

出席一个会议

技术专家小组的成员建议，教师应该去参加一些教育会议，了解更多的技术信息。梅拉妮·诺斯卡特拉丁教师写道："教师常常因为很忙，没有时间去练习在会议中习得的一些教学技能，或者总结使用一些技术的心得，而暑假则提供了足够的时间与新技术接触，教师可以利用暑假了解它们，并设想如何在教室中运用它们。"

梅拉妮·诺斯卡特拉丁建议，教师应该向专业技术人员询问参加什么样的会议，而她建议大家参加 ACCESS 会议。

技术专家小组还建议教师们看一下 Teacher Line 的特别节目。

瓦格纳则建议教师们尝试由自助学习网站提供的免费学习教程。

玩技术

技术专家莫科斯利表示，暑假教师们就好好地玩一把技术；而弗雷德·霍姆斯则警告教师们不要等到快开学了才玩，因为学习教学软件所花的时间远比你想象的要长。

海恩斯认为，技术娴熟的教师应该尝试 Linux 系统，瓦格纳则提出学习软件的两大秘诀：一是利用许多公司的 45 天试用期的优势，在要付钱之前玩个够。二是在谷歌上搜索"课程计划"等关键词，看一看别的教师在同一个课程上想些什么。

更多的技巧,请看如下的建议:

- 2013 年夏天就设置一个技术目标,然后努力攻破它就可以了。
- 阅读其他教师的博客,创建一个自己的博客。
- 为你学校的技术部门打工,看一些"内幕",增加你的技能。
- 加入如 Ed Tech 或者 Tapped In 这样的讨论组。

最后,不要忘记放松,让大脑充电。"有时在放松的状态下,才有最好的想法产生,暑假就是让教师们有新的精力来解决这些伟大的想法的。"

美国《兰德报告》:评估提高了教学和学习成绩

最近,美国的两个《兰德报告》通过校长评鉴系统直面固有的挑战和机遇。该报告表明,评价系统可以提高教学和学习两个方面的成绩。

校长评价包括强调提高教学和学习的多种措施。评价体系应包括学生的学习成果,反映校长的责任措施等。在高中,除了严格的课程完成标准化考试成绩外,还应该解决毕业率。

校长要采取行动提高教学质量,关键是让校长花更多的时间在教师领导团队的有效性建设上。

校长的行动要有合适的调整时间,暑假就是最好的机会。

校长对教师或家长提供的建设性反馈意见能够提高学生的学习成绩。改革需要时间,也需要一些临时措施,如建立对绩效差的教师的处分政策等。

主要有三类措施。

成就的轨迹:校长的能力对成绩的影响取决于学校的状态,考虑到学校的差异,州的领导人可以就学校类别在现有成果的基础上,对当前的轨迹而不是成就水平做高低评判。

教师相关指标:大部分的学校都混合了新手和经验丰富的老教师,学校可能需要指导新教师如何防止早期倦怠。因此,除了评估学校教师的经验结构外,州还应该使用其他指标来评估教师对提高学生成绩的影响。

学校的气氛指标:随着时间的变化,在学校的气氛变化也可以建立必要的条件,以提高学生的学习成绩。

6 个领域

由全美中学校长协会(NASSP)和全美小学校长协会(NAESP)反思评价一个新的范式的研究与实践的通知(2012),确定了学校领导应纳入评价系统的 6 个领域。

领域 1:专业成长和学习。学校领导自身要积极追求专业发展活动,以影响他们的教师和学生。

领域 2:学生成长和成就。为了避免教师追求狭义的成就目标而进行标准测试,校长必须更广泛地衡量学生的表现,对教师进行形成性评价和终结性考试,如出席率、毕业率、课外活动和学生的参与情况等。

领域 3:学校的规划和发展。校长需要提高自身在实施学校改进计划和建设学校领导团队等方面的能力。

领域 4:学校文化。校长必须努力发展积极的学校文化,激励学生、教师和其他工作人员进行合作,以实现既定的目标。

领域 5:专业素质、教学领导。校长必须成为教学领导。校长应从上一年的专业发展计划中,提供可操作性的反馈来帮助教师提高他们的实践水平。

领域 6:利益相关者的支持和参与。校长必须能够建立强大的关系,发展文化能力和沟通能力。

纸一样薄的电脑可以永远改变教室

iPad 和电子阅读器已涌入美国教室多年，而这种移动技术的热潮被当成教育工作者和学生的福音。批评者指出，这些产品的脆弱性会成为教学的主要障碍。

而加拿大皇后大学的科学家，他们开发出了所谓的电子纸，超薄，可弯曲，可以显示出当前所有的平板电脑上能够执行的命令，这种发明可以让那些过时的投诉安静下来。

它可以实现一切高端手机和低端的平板电脑可以做的一切，如显示书籍、播放音乐和打电话。

更加令人惊奇的是，他们正在被设计成为不超过一张信用卡的厚度，或者一个标识徽章的厚度。

"5 年内，一切都会好起来，包括外观和感觉。"皇后大学的人类媒体实验室主任罗尔说，"这台电脑看起来，感觉像一张小小的纸页在互动操作，可以互动弯曲当手机，翻书或者转页，或者用钢笔写字。"

这项技术的另一个好处是功耗，除非它被弯曲，否则不用任何电力。

"一切都可以被数字化存储起来，就像一摞纸，可以把这种电脑扔在桌子上。"罗尔说。

它在课堂中的应用是无穷无尽的，教科书、电脑和媒体设备全都可以简化为一张纸那么薄的东西。

该技术为学校提供的潜力几乎是无法想象的，但它还处于原型阶段。

计算机课：创造地球日图表

地球日就快到来了，为什么不开始你自己的"拯救我们的动物"的项目呢？你可以先设置一个假想的野生动物，然后通过将其分类来创建图表，上面列有濒临灭绝的动物，以促进环保意识。

作为这项活动的一部分，12 年级的学生可以使用图形设计软件创造丰富多彩的、有趣的和翔实的图表，可以放置在公园、学校和社区，以引起人们对正在威胁着某些动物的生活环境问题的关注。

目标

学生要学会通过图表信息进行沟通。

教授学生关于濒危物种的知识，帮助他们了解是什么原因导致了一些动物的灭绝。

开拓创新与多媒体技术。

学习使用矢量图形设计软件的基础。

简介

图表是什么？

图表是信息的图形表示，包括各种数据或知识，它们使复杂的信息快速明确地呈现出来，因此正在迅速成为一个重要的沟通工具。

作为一种传播信息的方式，信息图表是吸引人们注意力的有效途径，是使人们迅速获得信息的重要方式。我们生活在一个忙碌的世界,人们不会总有时间去阅读文本。此外,一行行的文本不会吸引读者,而获得公众的关注又是非常重要的问题,因此需要更多创造性的方法来获得他们的关注。

课程

你的学生在创建图表的过程中,需要更好地了解濒危物种所面临的威胁,尤其是存在的问题、原因、对策和对人类潜在的灾难性的影响,让他们思考:如果这些物种都灭绝了,该怎么办?

首先,要讨论找出已经知道的濒危物种。你可以向学生提问:物种生存需要的 3 个基本的东西是什么? 你认为它们为什么濒临灭绝? 你知道哪些濒危或灭绝的动物和植物? 你认为这是个可以改善的全球性问题吗? 我们为什么要保护濒临灭绝的物种?

接下来,让每个学生选择一个濒临灭绝的物种,让他们做一些一般性的研究,包括物种的基本信息、相关的重要的事实和数据,并给予他们世界关注的濒危物种方面的建议。

一旦进行了研究,学生们就会思考如何将信息呈现给目标受众。自从信息图表经常被用来作为宣传工具后,鼓励你的学生思考什么是最有趣、最有说服力的,是引导他们思考濒危物种对公众启蒙的有效途径。

因为濒危物种的话题是关于生命和死亡的,你可能希望自己的图表包括统计数据和其他相关的科学数据,能抓住观众的注意力。那么请让学生们看看把其他图表放在一起的方式——互联网上有很多富有启迪性的东西,他们可以先搜索一些相关图片,如果有帮助的话,再让他们手绘草图,让他们看看最后的文件像什么。

该图表的制作可能要花好几次课的时间,所以要分成几部分。你可能想利用一次课或两次课让大家熟悉软件,引导学生通过设计的初始阶段。

Draw Plus 平台可以提供完美的供学生使用的图片,创造高质量的图表。新的矢量绘图、新的弧线、螺旋和三角形工具,可以快速绘制独特的形状,形成更复杂的设计。他们还可以试着画艺术媒介和模具,通过开始创建的原始模板来预设模板。

学生可以在图表上创造一个平衡的配色方案,利用高端的效果与程序的内置照片编辑工具,一旦完成,就导出文件并且在线分享。

评估

学生应根据自己的能力设置等级;

提供准确的信息并理解主题;

发现、选择和组织相关的信息;

了解计划的基本知识;

使用与他们的目标相符的内容和语言。

"疯狂科学家"日

有没有什么比一个科学实验日更好的开放日呢？让我们去看看马里兰州的一所小学吧。他们让学生拥有一个"疯狂科学家"日和学生的家长日，期间可以尝试各种科学活动。

为了让学生、教职员工有时间休息，并能够创造出典型的科学项目，马里兰州的好莱坞大学园小学的教师，搞了一个开放日，让每个人都成为科学家，他们可以试试不同的实验。在"疯狂科学家"日，学生展示冒泡火山或者自制的电池来带亮照明灯泡，家长也能参加相关活动。

"我们按照国家和州的课程指引，提供了大量的动手实验。"校长卡斯基说。

火山来了！

该方案旨在通过活动提高课堂教学的乐趣，培养学生对科学的兴趣。校内各年级则提供科学指导。

"教师利用学校提供的资源决定活动的情况。"卡斯基说。

白天，学生们参加了课堂实验，然后在放学后前往各个活动站展开活动。有些孩子会打扮成科学家，穿上进实验室的大衣，然后用黏土制作火山，将其中的空洞倒入小苏打和醋，模拟火山爆发。

学生和家长通过活动增加了对空气动力学、电、人体、化学和物理的了解。教师则是通过活动来分享教学的快乐。

飞机和分子的构造

有些活动的重点则放在趣味性上,如用不同的纸张折飞机,看哪种飞机模型飞得最好。

家长也试着看要多长时间才能完成拼图,拼出一个科学的水分子和阿司匹林分子。学生将杯中填充泥土,并种植牧草种子,让杯子长出"头发"。

到底哪样活动最精彩倒不重要,因为都受到了好评。

让学生热爱科学的小贴士

孩子们喜欢玩！儿童发展的研究表明，对于年幼的孩子，某些唤起幸福感觉的经验对于他们来讲是非常有益的。这些小贴士你要牢记：

- 能够通过想象表达自己的感情。
- 学会观察、比较和分类。
- 获取事实、信息。
- 为成功而自豪。

为确保孩子有最好的经验，科学活动至少要有以下 3 个特点：

- 通过简单的指令，父母和子女都能学习。

这样可以与他们的孩子一起参与活动，本质上，他们是发挥作用的"智库"。如果父母不知道做什么，那么孩子们也会迷失方向。

- 鼓励父母与孩子讨论。

让孩子问问题是件容易的事，他们天生就会，儿童可以通过对环境的互动，寻找问题的答案，更多地了解环境。家长可以问孩子简单而有趣的问题，如"哪个行星是最大的？""哪个行星距离太阳最近？""哪里可以找到化石？"等等。

向家长强调，他们问的问题不一定有正确答案，他们只需要问就行，让孩子打开思路，尽情回答。家长可以通过图书馆、书本或者电脑等解决这些问题。

- 提供一个清单，家长和孩子可以在家里探索。

良好的组织是十分重要的，可以激发幼儿对科学的兴趣，在家里也应该继续进行，让他们在家里做家庭科学活动。

西南师范大学出版社
《名师工程》系列丛书目录

系列	书　名	主编	定价
优秀教学设计系列	《魅力科学课——小学科学优秀教学课例集》	张素先	30.00
教育探索者·鲁派名师系列	《追问历史教学之道》	钟红军	36.00
	《灵动英语课——高效外语教学氛围创设艺术》	邵淑红	30.00
	《校园，幸福教育的栖居》	武际金	30.00
	《复调语文——尊重生命自我成长的语文教学》	孙云霄	30.00
	《智趣数学课——在情感深处激发学生的数学智能》	王冬梅	30.00
	《高品位"悦读"——让情感与心灵更愉悦的阅读教学》	马彩清	30.00
	《品诵教学——感悟母语神韵的阅读教学》	侯忠彦	30.00
	《智趣化学课——在快乐中提升学生的科学素养》	张利平	30.00
名师解码系列	《教育需要播种温暖——谢文东与儒雅教育》	余　香　陈柔羽　王林发	28.00
	《为了未来设计教育——梁哲与探究教育》	冼柳欣　肖东阳　王林发	28.00
	《真心是教育的底色——谭永焕与真心教育》	谭永焕　温静瑶　王林发	28.00
	《做超越自我的教师——刘海涛与创新教育》	王林发　陈晓凤　欧诗停	28.00
	《打造灵动的教育场——张旭与情感教育》	范雪贞　邹小丽　王林发	28.00
高效课堂系列	《让数学课堂更高效——教研员眼中的教学得失》	朱志明	30.00
	《从教会到教慧——小学生数学学习能力的培养艺术》	滕　云	30.00
	《用什么提高课堂效率——有效数学课必须关注的10大要素》	赵红婷	30.00
	《让作文更轻松——小学作文高效教学36锦囊》	李素环	30.00
	《让研究性学习更高效——研究性学习施教指导策略》	欧阳仁宣	30.00
	《让母语融入学生心灵——提升学生语文素养的高效施教艺术》	黄桂林	30.00
创新课堂系列	《小学语文"三环节"阅读教学法——自学、读讲、实践》	薛发武	30.00
	《个性化课堂教学艺术：小学语文》	商德远	30.00
	《如何实现三维目标——让学生与文本共鸣的诵读教学》	张连元	30.00
	《想说　会说　有话可说——突破作文瓶颈的三维教学法》	杨和平	30.00
	《综合课的整合创新教学》	周辉兵	30.00
	《如何打造学生喜欢的音乐课堂》	张　娟	30.00
	《理想课堂的构建与实施——一个教研员眼中的理想课堂》	张玉彬	30.00
	《小学语文：决定教学质量的关键策略》	李　楠	30.00
	《用〈论语〉思想提升数学教育智慧》	胡爱民	30.00
	《童化作文——浸润儿童心灵的作文教学》	吴　勇	30.00
	《亲爱的语文》	鲍周生	30.00

系列	书　名	主编	定价
系列名校	《人本与生本：管理与德育的双重根基》	广州市广外附设外语学校	30.00
	《生本与生成：高效教学的两轮驱动》	广州市广外附设外语学校	30.00
	《世界视野与现代意识：校本课程开发的二元思维》	广州市广外附设外语学校	30.00
	《让每个生命都精彩——生命教育校本实践策略》	王鹏飞	30.00
	《好学校，从关注每个学生开始 ——石梅小学优质教育多元感悟》	顾　泳　张文质	30.00
思想者系列	《回归教育的本色》	马恩来	30.00
	《守护教育的本真》	陈道龙	30.00
	《教育，倾听心灵的声音》	李荣灿	30.00
	《心根课堂——让教育随学生心灵起舞》	刘云生	30.00
	《做一个纯粹的教师》	许丽芬	26.00
	《率性教书》	夏　昆	26.00
	《为爱教书》	马一舜	26.00
	《课堂，诗意还在》	赵赵（赵克芳）	26.00
	《今日教育之民间立场》	子虚（扈永进）	30.00
	《教育，细节的深度反思》	许传利	30.00
	《追寻教育的真谛——许锡良教育思考录》	许锡良	30.00
	《做爱思考的教师》	杨守菊	30.00
教育探索者·鲁派名校系列	《博弈中的追求——一位中学校长的"零"作业抉择》	李志欣	30.00
	《大教育视野下的特色课程构建——海洋教育的开发实施》	白刚勋	30.00
名师教学手记系列	《唤醒生命的对话——孙建锋语文教学手记》	孙建锋	30.00
	《让作文教学更高效——王学东写作教学手记》	王学东	30.00
名校长核心思想系列	《智圆行方——智慧校长的50项管理策略》	胡美山　李绵军	30.0
	《做一个智慧的校长》	孙世杰	30.00
	《成为有思想的校长》	赵艳然	30.00
	《办学生喜欢的学校——差异教育的校本行动研究》	张广利	35.0
创新班主任系列	《班主任专业化成长策略》	杨连山	30.00
	《班级活动创新与问题应对》	杨连山　杨　照 张国良	30.00
	《班集体建设与创新人才培养》	李国汉	30.00
	《神奇的教育场——打造特色班级文化创新艺术》	李德善	30.00
教研提升系列	《校本教研的7个关键点》	孙瑞欣	30.00
	《教师怎样做小课题研究——高效助力教师专业化成长》	徐世贵　刘恒贺	30.00
	《今天我们应怎样评课》	张文质　陈海滨	30.00
	《今天我们应怎样进行教学反思》	张文质　刘永席	30.00
	《一节好课需要的教育智慧》	张文质　姚春杰	30.00

系列	书　　名	主编	定价
高效教学优化系列	《高效教学组织的优化策略》	赵雪霞	30.00
	《高效教学方法的优化策略》	任　辉	30.00
	《高效教学过程的优化策略》	韩　锋	30.00
	《让教学更生动——激发兴趣让学生快乐认知》	朱良才	30.00
	《让教学更高效——策略创新让教学事半功倍》	孙朝仁	30.00
	《让教学更开放——拓展延伸让学生触类旁通》	焦祖卿　吕　勤	30.00
	《让教学更生活——体验运用让学生内化知识》	强光峰	30.00
	《让知识更系统——整合与概括让学生建构体系》	杨向谊	30.00
	《让思维更创新——思辨与发散让学生思维活跃》	朱良才	30.00
语文教学创新系列	《曹洪彪新概念快速作文》	曹洪彪	30.00
	《小学语文：享受对话教学》	孙建锋	30.00
	《小学语文：名师教学目标落实艺术》	刘海涛　王林发	30.00
	《小学语文：名师魅力教学设计艺术》	刘海涛　王林发	30.00
	《小学语文：名师魅力课堂激趣艺术》	刘海涛　豆海湛	30.00
	《小学语文：单元整体教学构建艺术》	李怀源	30.00
	《小学作文：名师情趣课堂创设艺术》	张化万	30.00
	《妙在这一问：让思维动起来的语文问题导学艺术》	孙贞锴	30.00
名师名课系列	《名师如何炼就名课》（美术卷）	李力加	35.00
教师成长系列	《做会研究的教师》	姚小明	30.00
	《学学名师那些事》	孙志毅	30.00
	《给新教师的建议》	李镇西	30.00
	《教师心灵读本：成为有思想的教师》	肖　川	30.00
	《教师心灵读本：教师，做反思的实践者》	肖　川	30.00
幼师提升系列	《全国优秀幼儿健康教育活动课例评析》	教育部教育管理信息中心	30.00
	《全国优秀幼儿艺术教育活动课例评析》	教育部教育管理信息中心	30.00
	《全国优秀幼儿社会教育活动课例评析》	教育部教育管理信息中心	30.00
	《全国优秀幼儿语言教育活动课例评析》	教育部教育管理信息中心	30.00
	《全国优秀幼儿科学教育活动课例评析》	教育部教育管理信息中心	30.00
教师修炼系列	《班主任工作行为八项修炼》	杨连山	30.00
	《教师心理健康六项修炼》	李慧生	30.00
	《教师专业化五项修炼》	杨连山　田福安	30.00
	《课堂教学素养五项修炼》	刘金生　霍克林	30.00
	《高效教学技能十项修炼》	欧阳芬　诸葛彪	30.00
	《教师新师德六项修炼》	王毓珣　王　颖	30.00
数学教学创新系列	《小学数学：名师教学目标落实艺术》	余文森	30.00
	《小学数学：名师高效教学设计艺术》	余文森	30.00
	《小学数学：名师易错问题针对教学》	余文森	30.00
	《小学数学：名师魅力课堂激趣艺术》	余文森	30.00
	《小学数学：名师同课异教》	林高明　陈燕香	30.00
	《小学数学：名师抽象问题艺术教学》	余文森	30.00
心理教育系列	《做最好的心理导师——中学生心理健康咨询手册》	杨　东	30.00
	《每天学点教育心理学》	石国兴　白晋荣	30.00
	《学生心理拓展训练与指导》	徐岳敏	30.00
	《好心态成就好学生——学生心理问题剖析与对症教育》	李韦遴	30.00

系列	书　　名	主编	定价
教育通识系列	《用心做教师——青年教师快速成长的十大定律》	王福强	30.00
	《做最受学生欢迎的老师》	赵馨　许俊仪	30.00
	《做有策略的校长——经典寓言与学校管理智慧》	宋运来	30.00
	《做有策略的教师——经典故事中的教育启示》	孙志毅	30.00
	《从学生那里学教书》	严育洪	30.00
	《突破平庸——提升教育质量的31个跳板》	严育洪	30.00
	《教育，诗意地栖居》	朱华忠	30.00
	《好班规打造好班级》	赵凯	30.00
	《做学生成长的引领者——学生终身成长的素质培养》	田祥珍	30.00
	《如何管出好班级——突破班级管理的四大瓶颈》	刘令军	30.00
	《青春期性教育教师实用手册》	闵乐夫	30.00
教学新突破系列	《把教学目标落实到位——名师优质课堂的效率管理》	冯增俊	30.00
	《拿什么调动学生——名师生态课堂的情绪管理》	胡涛	30.00
	《零距离施教——名师和谐师生关系的构建艺术》	贺斌	30.00
	《一个都不能落——名师提升学困生的针对教学》	侯一波	30.00
	《让学习变得更轻松——名师最能吸引学生的情境设计》	施建平	30.00
	《让知识变得更易学——名师改造难学知识的优化艺术》	周维强	30.00
名师讲述系列	《施教先施爱——名师讲述班主任的核心教导力》	杨连山 魏永田	30.00
	《在欢乐中成长——名师讲述最具活力的课堂愉快教学》	王斌兴	30.00
	《让学生做自己的老师 　　——名师讲述如何提升学生自主学习能力》	徐学福 房慧	30.00
	《引领学生高效学习 　　——名师讲述如何提高学生课堂学习效率》	刘世斌	30.00
	《教育从心灵开始——名师讲述最能感动学生的心灵教育》	张文质	30.00
教育管理力系列	《名校激励管理促进力》	周兵	30.00
	《名校安全管理执行力》	袁先潋	30.00
	《名校师资团队建设力》	赵圣华	30.00
	《名校危机管理应对力》	李明汉	30.00
	《名校校本研究创新力》	李春华	30.00
	《学校文化力建设策略》	袁先潋	30.00
	《名校长核心教育力》	陶继新	30.00
	《名校长高绩效领导力》	周辉兵	30.00
	《名校行政管理细节力》	杨少春	30.00
	《名校教学管理提升力》	张韬 戴诗银	30.00
	《名校学生管理教导力》	田福安	30.00
	《名校校园文化构建力》	岳春峰	30.00
教育细节系列	《名师最具渲染力的口才细节》	高万祥	30.00
	《名师最有效的沟通细节》	李燕 徐波	30.00
	《名师最有效的激励细节》	张利 李波	30.00
	《名师培养学生好习惯的高效细节》	李文娟 郭香萍	30.00
	《名师人格教育的经典细节》	齐欣	30.00
	《名师营造课堂氛围的经典细节》	高帆 李秀华	30.00
	《名师最有效的赏识教育细节》	李慧军	30.00
	《名师最有效的批评细节》	沈旎	30.00

系列		书　　名	主编	定价
课程系列	高中新	《高中新课程：教师角色转变细节》	缪水娟	30.00
		《高中新课程：班主任新兵法细节》	李国汉　杨连山	30.00
		《高中新课程：教学管理创新细节》	陈　文	30.00
		《高中新课程：更有效的评价细节》	李淑华	30.00
大师讲坛系列		《大师谈教育心理》	肖　川	30.00
		《大师谈教育激励》	肖　川	30.00
		《大师谈教育沟通》	王斌兴　吴杰明	30.00
		《大师谈启蒙教育》	周　宏	30.00
		《大师谈教育管理》	樊　雁	30.00
		《大师谈儿童人格塑造》	齐　欣	30.00
		《大师谈儿童习惯培养》	唐西胜	30.00
		《大师谈儿童能力培养》	张启福	30.00
		《大师谈早恋与性教育》	闵乐夫	30.00
		《大师谈儿童情感教育》	张光林　张　静	30.00
教学提升系列		《方法总比问题多——名师转变棘手学生的施教艺术》	杨志军	30.00
		《用特色吸引学生——名师最受欢迎的特色教学艺术》	卞金祥	30.00
		《让学生爱上课堂——名师高效课堂的引导艺术》	邓　涛	30.00
		《拿什么打开思路——名师最吸引学生的课堂切入点》	马友文	30.00
		《没有记不牢的知识——名师最能提升学生记忆效果的秘诀》	谢定兰	30.00
		《让学生的思维活起来——名师最激发潜能的课堂提问艺术》	严永金	30.00
国际视野系列		《行走在日本基础教育第一线》	李润华	26.00
		《润物细无声》	赵荣荣　张　静	30.00
		《不让一个学生掉队——国际视野下的教育均衡实践》	乔　鹤	28.00
		《从白桦林到克里姆林宫——俄罗斯中小学教育纪实》	赵　伟	30.00
		《美国教师的教育智慧》	唐劲松	28.00
研究系列	美术教育	《美术课堂问道——美术基础教育热点研究》	陶旭泉	58.00